U0868541

现代企业财务管理与内部控制研究

曹　健◎著

文化发展出版社
Cultural Development Press
·北京·

图书在版编目（CIP）数据

现代企业财务管理与内部控制研究 / 曹健著 .
北京 ：文化发展出版社，2024. 7. -- ISBN 978-7-5142-4395-6

Ⅰ . F275；F272.3

中国国家版本馆 CIP 数据核字第 202460NG96 号

现代企业财务管理与内部控制研究

曹 健 著

出 版 人：宋 娜

责任编辑：袁兆英 责任校对：岳智勇

责任印制：邓辉明 封面设计：守正文化

出版发行：文化发展出版社（北京市翠微路 2 号 邮编：100036）

网 址：www.wenhuafazhan.com

经 销：全国新华书店

印 刷：天津和萱印刷有限公司

开 本：710mm × 1000mm 1/16

字 数：200 千字

印 张：10.5

版 次：2025 年 1 月第 1 版

印 次：2025 年 1 月第 1 次印刷

定 价：72.00 元

I S B N：978-7-5142-4395-6

前言

随着我国社会主义市场经济体制改革与发展的不断深化，财务管理作为企业管理的中心环节，越来越受到我国理论界和实务界的重视，也吸引了大批学者对财务管理理论与实务进行深入研究。我国财务管理水平不断提升，财务管理创新成果不断涌现，财务管理人才队伍不断壮大，为企业的高质量发展提供了有力的支撑。

财务管理不仅是企业管理的中心环节，也是企业发展的核心动力。财务管理对于企业的战略规划、运营管理、风险控制、价值创造等方面都有着重要的作用和意义，通过有效地配置和利用企业的财务资源，可以增加企业的竞争优势，提高企业的市场地位，增强企业的创新能力和发展潜力，实现企业的可持续发展。同时，财务管理也对社会经济发展产生积极影响，通过提高企业的效率和效益，可以增加社会的财富和福利，推动社会和谐发展。

然而，财务管理也面临着前所未有的挑战和机遇，随着我国社会主义市场经济体制改革与发展的不断深化，财务管理的外部环境和内部要求都发生了巨大的变化。一方面，财务管理要应对市场竞争的日益激烈、技术变革的日益迅速、政策变化的日益频繁、社会需求的日益多样等挑战，并且这些挑战对财务管理的专业性、灵活性、适应性、创造性等方面都提出了更高的要求。另一方面，财务管理也要把握数字化、智能化、国际化、专业化、综合化等机遇，因为这些机遇为财务管理的优化和创新提供了更多的可能性和空间，可以使财务管理的效率得到显著的提升。

本书共六章。第一章为企业财务管理概论，分别介绍了企业财务管理目标、企业财务管理内容、企业财务管理环节、企业财务管理环境、企业财务管理人员五个方面的内容。第二章为企业财务管理基本价值观念，论述了资金的时间价值、投资风险价值两个方面的内容。第三章为企业内部控制的基本原理和要素，依次介绍了企业内部控制的基本原理、企业内部控制的要素两个方面的内容。第四章为企业财务管理中的筹资管理，主要介绍了四个方面的内容，依次是筹资相关知识、长期筹资方式、短期筹资方式、资本成本。第五章为企业财务管理中的营运资金管理，包括营运资金管理概述、现金管理、应收款项管理、存货管理、流动负债管理五个方面的内容。第六章为财务共享模式下的企业内部控制构建，主要介绍了五个方面的内容，分别是企业内部控制体系构建的要素、财务共享模式的发展现状、财务共享模式的优势与劣势、财务共享模式对企业内部控制的影响、财务共享模式下企业内部控制体系构建。

在撰写本书的过程中，作者得到了许多专家的帮助和指导，参考了大量的学术文献，在此表示真诚的感谢。本书内容系统全面，论述条理清晰、深入浅出，但由于作者水平有限，书中难免会有疏漏之处，希望广大同行及时指正。

作者

2023 年 8 月

目录

第一章　企业财务管理概论……………………………………………………1
第一节　企业财务管理目标……………………………………………………1
第二节　企业财务管理内容……………………………………………………8
第三节　企业财务管理环节……………………………………………………16
第四节　企业财务管理环境……………………………………………………20
第五节　企业财务管理人员……………………………………………………27

第二章　企业财务管理基本价值观念……………………………………………33
第一节　资金的时间价值………………………………………………………33
第二节　投资风险价值…………………………………………………………37

第三章　企业内部控制的基本原理和要素………………………………………41
第一节　企业内部控制的基本原理……………………………………………41
第二节　企业内部控制的要素…………………………………………………52

第四章　企业财务管理中的筹资管理……………………………………………73
第一节　筹资相关知识…………………………………………………………73
第二节　长期筹资方式…………………………………………………………80
第三节　短期筹资方式…………………………………………………………97
第四节　资本成本………………………………………………………………101

第五章　企业财务管理中的营运资金管理……108
第一节　营运资金管理概述……108
第二节　现金管理……112
第三节　应收款项管理……117
第四节　存货管理……121
第五节　流动负债管理……126

第六章　财务共享模式下的企业内部控制构建……131
第一节　企业内部控制体系构建的要素……131
第二节　财务共享模式的发展现状……140
第三节　财务共享模式的优势与劣势……144
第四节　财务共享模式对企业内部控制的影响……149
第五节　财务共享模式下企业内部控制体系构建……151

参考文献……161

第一章　企业财务管理概论

顾名思义，财务管理本质上等同于管理财务，是一种经济管理类工作。企业财务管理负责企业所有与财务有关的活动，企业内的各种财务关系处理工作也属于其职责范畴，是企业管理的重要组成部分。本章内容为企业财务管理概论，介绍了企业财务管理目标、企业财务管理内容、企业财务管理环节、企业财务管理环境、财务管理的职业。

第一节　企业财务管理目标

企业要想在充满竞争的环境中生存、发展、获利，就必须加强企业的财务管理。实践表明，财务管理是企业管理的中心。从广义上讲，一个企业所做的任何事情都属于财务管理的范畴。

一、企业财务与财务管理

（一）企业财务

财务起源于公有财产日渐稀少、私有财产观念萌芽的时期，是伴随着商品、货币的产生而产生，并随着市场经济的发展而发展的重要经济范畴。“财务”一词是19世纪传入我国的，原词为finance，也译为“金融”。

财务是形容处理与财务有关的各种活动及管理财务关系的综合性术语。企业财务指的是企业的现金流、资产负债表等财务活动及与此相关的经济利益关系，它是企业再生产过程中财务方面的综合概念。财务活动是通过资金运动体现出来的，它的基本构成要素是投入和运用着的企业资金。资金是财产物资价值的货币表现（包括货币本身）。资金要素能够反映运动着的价值，其实质是在生产过程中运动着的价值。资金的主要特点有五个方面。一是垫支性。即预付性。资金首先表现为资本的垫支，垫支是实现价值形态转化的前提。资金的垫支性被赋予了资本保值的特性。二是物质性。资金以资产为价值载体，资产是企业的生产经营要素，资金在各种资产形态中同时存在并合理分布。三是增值性。资金循环与周转的根本目的是价值增值。资本增值是资本所有权对资本使用权的根本要求。四是周转性。资金必须通过运动才能增值，资金的运动过程就是资本价值形态的转换过程。五是独立性。价值是资金运动的主体，资金的独立性意味着企业资金运动有一个完整的运动过程，可能会脱离企业物资运动而相对独立存在并运行。

在市场经济的概念中，产品仍然由使用价值和交换价值这两个因素组成。企业的再生产过程不仅包括将生产出来的产品进行交换以获取实际使用价值，还包括创造产品并实现其价值的过程。在该过程中，劳动者利用生产设备进行生产活动，并将生产行为中所蕴含的价值转化为产品价值，从而为社会发展做出贡献。出售实物商品的行为，可以实现产品中的转移价值与被新赋予的价值。一切经过劳动加工创造出来的物质资源都具有一定的价值，它既包括物化劳动耗费的货币表现，又包括活劳动耗费的货币表现。在再生产过程中，物质资源价值的货币表现就是资金，企业在从事生产经营活动时，客观上必然存在资金及其资金运动。

企业的目标就是创造价值。在价值创造过程中，存在着两种不同性质的资金运动：一种是以实物商品为对象的实物商品资金运动。在企业的商品资金运动过程中，现金资产转化为非现金资产，非现金资产转化为现金资产，这种周而复始的流转过程无始无终、不断循环，形成实物商品的资金运动；另一种是以金融商品为对象的金融商品资金运动。金融商品可狭义地理解为能在金融市场反复买卖，并有市场价格的有价证券。企业买卖金融商品的过程是不间断的、周而复始的，正是这个过程的存在，才形成了金融商品的资金运动。企业的实物商品与金融商品的资金运动过程，必然体现为一种价值运动，这种价值运动称为资金运动。

（二）企业财务管理

按照财务活动的相关业务范围，我们可以把财务分为三个主要领域：一是在宏观领域内，利用财政和金融市场的调控手段，有效配置现金和资金资源。现金资源的财政配置属于财政学的范畴，现金资源的市场配置通过金融市场和金融中介来完成。二是中观层面上的现金资源再配置，表现为现金资源所有者的投资行为，属于投资学的范畴。投资学研究投资目的、投资工具、投资对象、投资策略等问题，投资机构为投资者提供投资分析、投资咨询、投资组合、代理投资等服务。三是微观层面上的企业筹集、配置、运用现金资源开展营利性的经济活动，为企业创造价值并对创造的价值进行合理分配，形成企业的财务管理活动。本书主要探讨微观层面的企业财务管理。

财务管理本质上是一种综合性的经济管理工作，它在企业的生产经营过程和实际财务活动的基础上，通过使用价值形式来对企业的财务活动和财务关系进行管理和处理。企业采取财务管理，可以组织和协调企业的财务活动，从而有效地帮助企业实现其经济目标。财务管理工作内容复杂，只要有资金运动，就必然涉及财务管理。企业财务管理旨在使企业创造并保持价值，以达到既定的经营目标。企业的财务管理人员从资本市场为企业筹集资金，并把这些资金投入企业决定经营的项目中，变成企业的实物资产。通过有效的生产和经营，企业获得净现金流入，并将其中一部分作为投资回报分配给股东和债权人，另一部分留给企业用于再投资，同时企业还要承担缴纳税款的义务。资金在金融市场和企业之间的转换和流动正是财务管理所起的作用。在高度不确定的市场环境中，财务管理已成为现代企业经营管理的核心，关系到企业生存和发展。财务管理人员只有把企业的筹资、投资和收益分配等决策做好，企业资产才能实现较大增值，才能有较强的生存和发展潜能。否则，企业将陷入财务困境，甚至有破产的风险。

二、企业财务管理目标分析

目标就是导向和标准。任何一种组织的存在都有其目的性，企业依法从事生产经营活动，必然有自身的经营目标和发展方向。企业的目标就是创造价值。企业财务管理的目标就是为企业创造价值，也就是在特定的理财环境中为企业创造价值。换言之，企业财务管理旨在帮助企业实现特定的理财目标。企业财务管理的核心是评估企业财务活动的合理性和效率，能够为企业财务人员实践提供行为方向。同时，企业财务管理也是评估企业财务活动的基本准则。

从本质上看，财务管理的目标通常与企业的目标保持一致，因为企业的目标往往会影响企业财务管理机制的制定。企业的目标可概括为生存、发展和获利。企业的财务管理需要以不同的企业目标为标准，制定相关管理机制，以满足企业的多种需求。为了确保企业的长期稳定发展，企业财务管理应当着重关注企业资金的收支平衡能力和企业自身及时偿还债务的能力，以降低企业破产的风险，确保企业实现长远发展目标，在市场竞争中立于不败之地。从发展目标角度看，企业财务管理的职责是为企业筹集足够的运作资金；从获利目标角度看，企业财务管理的职责是对企业正常经营产生的和从外部获得的资金进行有效的利用。这要求企业在财务管理方面做好管理规划，确保企业获得最大的回报。随着财务经济学不断推陈出新和企业管理实践的不断更新，企业财务管理的思想和理念也在不断进步。起初，人们注重的是将利润、每股收益及股东的财富等最大化，而最近几年间，有一种理论观点认为，企业应该把利益相关者的利益置于最优先考虑的位置。

（一）利润最大化

从利润最大化的角度来看，利润相当于企业所创造的财富，只有获得更多的利润才能让企业的财富增加，才能让企业更好地实现预设目标。过去有很多人认为，企业财务管理的正确目标应该是追求利润的最大化。为此，企业必须不断强化管理水平、降低运作成本，同时大力提高劳动力生产效益和资源的利用效率。

利润最大化目标的主要优点：一是反映了企业的本质和经营动机，为企业的经营管理提供动力。二是可以直接反映企业创造剩余产品的多少。从一定程度上反映出企业经济效益的高低和对社会的贡献大小。三是简单、直观，容易理解和计算。经营收入减去经营成本就是利润，能反映当期企业的经营业绩，便于衡量和考核企业绩效，容易被企业管理者和职工接受。

利润最大化目标的主要缺点：一是利润最大化模糊不清。利润有许多种类，如会计利润、经济利润。利润最大化也有多个方面，如短期利润最大化、长期利润最大化。二是没有考虑货币的时间价值。利润最大化忽略了所获利润的时间差异。三是没有考虑风险因素。利润最大化无视存在于各种行业、各种方案之间的风险差异，在同一行业里，相同利润也会代表不同含义。没有考虑所获利润和所应承担风险的关系，可能导致有关人员不顾风险的大小去追求更多利润。四是没有考虑所获利润与投入资本之间的关系。利润最大化中的利润是一个绝对数，难以判断资本的利用效果。五是可能导致企业短期财务决策倾向。如果片面强调增加利润，有可能诱使企业产生追求利润的短期行为，而忽略企业的长远发展。

（二）每股盈余最大化

每股盈余指的是企业的税后净利润与普通股股数之间的比率，它也常被称作每股收益。企业的资金来源包括资金所有者或股东，他们为企业提供资金，并期望通过投资获得回报，这种回报具体表现为税后净利与出资额或与股份数（普通股）的比率。每股收益是指归属于普通股股东的净利润与发行在外的普通股股数的比值，它反映了投资者投入资本获得回报的能力。

从每股盈余最大化的角度来看，企业获得的利润与投入的资本额或股本数进行对比，得出每股收益（或权益资本净利率），每股收益的最大化就是企业的财务目标。

每股盈余最大化目标的主要优点：一是克服了利润最大化目标不考虑资本投入的缺点，反映了利润与投入资本之间的关系；二是便于与其他不同资本规模企业或同企业不同时期的比较。

每股盈余最大化目标的主要缺点：首先，每股盈余最大化目标没有将资金时间价值纳入考虑范畴；其次，每股盈余最大化目标没有将每股收益对应的风险纳入考虑范畴；最后，每股盈余最大化目标无法使企业的短期活动得到有效管理，甚至可能会导致企业短期发展与企业的战略目标相背离。

（三）股东财富最大化

股东财富最大化又称为股东价值最大化，或企业所有者权益价值最大化。股东财富最大化的观点认为：增加股东财富是财务管理的目标。股东财富不是股东在企业中所拥有的净资产账面数额，而是资本市场上的市场价值，即用股东权益的市场价值来衡量股东财富。股东财富可以用股东权益的市场价值与股东投入资本的差额来衡量，因此，股东财富又被称为“权益的市场增加值”。权益的市场增加值是企业为股东创造的价值。

在股份制经济的背景下，股东财富可以通过股票市场的总市值来体现。股东财富受股票数量和市场价格的双重影响，当股东持有股票数量不变时，股票价格最大化意味着股票财富最大化，股东也就能够收获最大收益。也就是说，股东的财富只有在股票价格达到峰值时才能达到最大值。

股东财富最大化目标之所以重要，是因为：首先，股东财富最大化目标充分考虑了资金的时间价值。企业不同时期的收益会有所不同，股东将会优先考虑财富最大化。为了计算股东的价值，我们应当立足于货币时间价值的理论。其次，股东财富最大化目标充分考虑了风险的影响。一个股票的市场估值反映了多方市场投资参与者对该股票未来价值的共识，以及对该股票未来盈亏风险水平的预期。再次，股东财富最大化目标考虑了投入与产出间的关系。预期每股收益的变动可以影响股票价格，因为它可以反映公司利润与投入资本之间的关系，从而可以帮助人们比较企业的营利能力和整个市场乃至整个社会的资本水平。最后，股东财富最大化目标在一定程度上能够减少企业追求短期利润的行为。由于股票理论价格包含着投资者对未来获利的预期，在以股东财富最大化为目标的前提下，企业除关注目前的利润外，也需要考虑未来的营利能力，并且二者都是影响股东财富最大化的重要因素。

股东财富最大化目标的主要缺点：一是没有考虑债权人的利益。该目标过分注重股东利益，对于其余的企业利益关系人则没有予以重视。管理人员利用财务杠杆来增加股东财富可能会出现过度举债的情况，这必然会增加企业财务风险，甚至导致破产。二是非上市公司很难有比较公允、客观的股票市场价格。该目标只适合上市公司以股票价格为标准对股东财富进行衡量，并且这种做法很有可能导致管理人员只关心股票行情，而不关注企业的实际运营情况。三是不可控因素引入理财目标是不合理的。影响股票价格的因素有很多，企业业绩、社会政治、社会环境、社会经济都属于这类因素，且除了企业业绩，其余因素都不受企业掌控。

（四）企业价值最大化

企业价值是指企业全部资产的市场价值，即公司资产未来现金流量现值。企业价值不同于利润，它不仅包括企业新创造的价值，还包括企业潜在的获利能力。企业价值最大化又被称作公司价值最大化，实现公司价值最大化可以提高股东财富利益量，同时也有助于企业充分发挥企业本身的价值潜力。根据企业价值最大化的观念，企业应当运用有效的经营计划和优秀的财务策略，把资金的时间价值与风险、回报之间的平衡纳入考虑范围内。对于企业来说，要想实现长期稳定的发展，就要持续提升企业财富，最大化企业价值。

企业价值最大化与股东财富最大化类似：它们都反映了投资者对企业的未来预期；它们都以资产价值为判断企业价值的依据；它们都以资产的市场价值而不是账面价值为判断标准；它们都面临着缺乏公平、合理、有效的资本市场和资产产权评估市场。两者不同的是：股东财富最大化考虑的是企业净资产的市场价值，只考虑股东的利益；企业价值最大化考虑的是企业总资产的市场价值，兼顾了股东和债权人的利益。在特定情况下，如果债权人和股东之间不存在利益冲突，那么企业追求价值最大化的目标从本质上几乎等同于股东追求财富最大化的目标，所以，人们通常把企业的财务目标定为促进股东财富的最大化，以实现企业价值的最大化。为了实现这一目标，企业需要综合考虑许多方面的因素，如利润、利率、税收、货币时间价值、债务水平、风险及时间跨度等。这些因素能够对企业的长期整体发展产生多重影响，企业相关领导者需要对其加以综合分析，以促进企业的长久发展。

企业价值最大化目标的主要优势在于：首先，企业价值最大化目标考虑了收益的时效性，能够利用时间价值原理进行测算；其次，企业价值最大化目标充分考虑了风险与回报之间的相互关系；再次，企业价值最大化目标可减少企业为谋求短期收益而采取的短期措施；最后，企业价值最大化目标可以实现社会资源公正分配。

企业价值最大化目标的缺陷主要包括以下两点：首先，影响股票价格波动的因素较多且不确定性较高；其次，实现企业价值最大化目标在实际操作中具有一定难度。

（五）相关者利益最大化

20 世纪 80 年代兴起的相关利益者理论对传统的股东价值最大化观念提出了质疑。按照该理论的观点，企业是由各利益方之间建立的多层次契约所构成的错综复杂的网络中的主要联结点。这些契约关系涉及所有相关利益者，能够将它们紧密联系在一起，让它们形成一个有机的整体。换言之，企业的存在目的不仅仅是满足股东的要求，而是考虑所有相关利益者的需求。这里所说的“相关利益者”包括债权人、股权、企业员工、消费者、企业经营者、各级供应商和政府。

企业股东是企业的所有者，相比相关利益方，股东拥有更大的权利、能够收获最大的报酬，但是他们所承担的企业债务风险、企业义务也是最大、最多的。在投资借贷企业数量不断增多的情势下，企业所借资金的规模也日益扩大，债权人所承担的风险也越来越大。随着社会分工的细化、复杂劳动的增加及简单劳动的需求日益减少，职工再就业的风险日益加大，这为股东带来不小的压力。在现代企业制度下，经理人代表所有权者管理企业、经营企业，并承担企业的责任，应对市场环境的各种变化。由于所需承担的责任不断增加，企业经理人必须承受更大的风险。随着市场竞争的加剧和全球经济的不断发展，企业、客户、供应商之间的互动已经不再局限于简单的交易，三者更加注重长期合作伙伴关系的建立与发展。由于它们之间存在供应链共生关系，企业、客户和供应商需协同应对其他供应链的竞争并承担相应风险。当政府以出资人身份或监管机构身份参与这三方的合作时，往往会涉及企业各方的利益。根据相关利益者理论的观点，企业应该在平衡并满足所有相关利益方的利益需求上着重努力。而企业管理者要对所有与企业利益相关的人负起责任，不能局限于某个特定群体的成员，因为企业管理者的行动代表整个组织，而非仅代表股东。所以，在企业规划财务管理目标时，必须充分考虑到各个相关利益者的利益。

相关者利益最大化目标具体包括以下几个方面内容：第一，相关者利益最大化目标需要确保风险与回报的平衡，并确保企业能够控制风险，或将其保持在可承受的范围内；第二，相关者利益最大化目标需要强调股东在企业中的重要性，同时突出企业与股东之间的协作互动；第三，相关者利益最大化目标需要强调对代理人（企业管理者）实施监督和控制，并建立有效的激励机制，以确保公司能够成功实现其战略目标；第四，相关者利益最大化目标要注重公司普通员工的福利待遇，营造舒适和谐的工作氛围，并为各个员工提供合适的福利和补偿，以激发员工对企业工作的热情；第五，相关者利益最大化目标要不断加强与债权人的交流，找寻可靠的融资渠道；第六，为了确保销售收入持续增长，相关者利益最大化目标要优先考虑客户的长期利益；第七，相关者利益最大化目标要促进企业与供应商紧密合作，共同应对市场竞争挑战，高度重视企业形象地塑造，给人们留下企业信守承诺、信誉卓著的印象；第八，相关者利益最大化目标要重视企业与政府机构之间的联系，使其保持紧密合作关系。

相关方利益最大化目标主要优势在于：首先，相关者利益最大化目标有助于企业实现长期、稳定的发展；其次，相关者利益最大化目标能够反映相互合作以求双赢的价值观念；再次，相关者利益最大化目标能够综合考虑每一方利益主体，维持利益平衡；最后，相关者利益最大化目标能够充分考虑企业未来的发展趋势和当前的现实状况，具有前瞻性特征和现实性特征。

相关者利益最大化目标的不足之处为：首先，相关者利益最大化目标并不能为企业管理者建立清晰的目标函数，因为相关利益者最大化目标牵涉多方面的价值最大化，可能会影响管理的平衡状态与效率；其次，相关者利益最大化目标在考虑多个相关利益者的利益时，很难在它们之间做出绝对妥善的选择，在部分时期，该目标甚至会要求企业在互相矛盾的利益之间进行抉择；最后，相关者利益最大化目标无法保证管理者获得全面评价，同时相关者利益最大化目标可能会妨碍管理者社会责任的履行。

第二节 企业财务管理内容

企业资金运动是企业生产经营过程的价值方面，以价值形式呈现企业的生产经营状况。企业财务活动是资金流动的一个重要组成部分，能够反映出企业财务状况和运营情况，具有独立的规律和特征。财务活动的主要内涵是资本价值的支出及相应增值活动，而资金运动的步骤和过程则构成了财务活动的具体内容，主要包括筹资活动、投资活动、资金营运活动和分配活动。

财务管理的主要内容是将财务管理客体的需求转化为实际的财务管理措施。

资金的流动在企业的生产经营活动中起着至关重要的作用，它是财务管理的核心。也就是说，在企业运营过程中，有效的资金管理是至关重要的，因为资金管理是财务管理的基础。财务管理区别于其他管理活动的特点在于，它是一种价值管理活动。所以，财务管理主要是资金管理，是有关资金的融通、投放和分配的管理工作。财务管理的对象是资金及其流转。财务管理的内容是企业资金活动所表现出来的各个具体的方面。按照资金的属性和运动规律，财务管理包括四项内容：筹资管理和投资管理，即解决企业生产经营所需要的资金从哪里来，所筹集的资金用到哪里去这两个基本问题；营运资金的管理和利润分配的管理，即解决企业日常生产经营资金的使用和经营收益如何进行分配等问题。

一、财务活动的管理

（一）筹资活动的管理

筹资活动是指企业资金的筹措活动。取得资金，才能运用资金，进而开展各项生产经营活动。筹资活动又可以称为融资活动，是企业从各种渠道采用不同方式取得资金的行为和过程。企业资金主要来自企业外部的资金所有者，包括个人、其他企事业单位、银行等。随着企业生产经营的持续发展，企业前期利润留存积累也是资金的主要来源。这些资金进入企业后便构成了企业的债务资本和权益资本。企业从各种渠道筹集的资金，一般是货币资金，也可以是实物资产，或者是无形资产。以实物资产和无形资产形态进入企业的资金，需要通过资产评估确定其相应的货币资金。不论是何种资产形态的资金，都是企业生产经营的必要条件。

企业进行生产经营活动，首先面临的重要问题是资金的筹集。企业设立必须有法定的资本金；企业经营必须有足够的流动资金。为了筹集足够的资金满足投资或运营的需求，企业需要进行筹资活动。这些筹资活动可以在企业采取一系列措施的前提下开展。企业需要运用多种资金运作方式开展筹资活动，并且需要知道控制和管理这些筹资活动是企业财务管理不可或缺的环节，贯穿于企业发展的始终。在这一过程中，一方面要确定筹资总体规模，另一方面要确定合理的资本结构。

企业面对不同的资金来源渠道可以采取不同的筹资方式进行筹资。筹资的过程实际上是一个筹资的决策过程。在企业资本需要量总额一定的情况下，企业既可以从所有者那里筹集主权资本，也可以从债权人那里筹集债务资金；企业资金既可以从外部筹集，也可以通过企业内部留利筹集；从外部筹集资金时，既可以在公开的资本市场上筹集资金，也可以通过银行等金融机构筹集资金。

（二）投资活动的管理

投资活动指的是企业运用资金的行为。只有将通过不同途径获得的资金投入具体的资产项目中，企业才有可能形成其生产经营所需的各种要素。这些资产项目，大至兴建工厂或构建企业，小至购置个别零件，凡是资金运用的活动，都可以成为广义的投资活动。投资过程是企业生产经营要素的形成和配置过程。投资是通过购买、建造等方式完成的，这些投资会形成各项资产，包括流动资产、固定资产、无形资产和递延资产。企业运用资金购置各项生产经营要素，本质上属于直接投资活动，具体来说就是将资金直接作为经营性资产，企业以之为基础来实现营收。

在获得资金后，企业下一步要做的就是运用这些资金开展经济收益活动。投资是将资金投放于一定的对象，以期取得未来收益的行为。对于企业财务管理而言，投资管理也是相当重要的，投资决策可以从根本上对企业的经营成果产生影响。企业的效益来自投资，在激烈的市场竞争中，企业投资生产经营什么才能追求财富最大化是财务管理的核心问题。企业所有的资产都来源于企业所开展的投资活动，企业能够运用这些对于自身而言具备重要价值的资产开展经营活动，并获取利润

企业投资既有短期投资又有长期投资，既有对内投资又有对外投资，既有直接投资又有间接投资，既有独立性投资又有相关性投资。企业投资的方式多种多样，投资的渠道错综复杂，如何进行投资和进行怎样的投资是企业需要谨慎处理的重要问题。在评估企业投资方案的优劣时，投资项目未来可能产生的现金流量大小是其中一个评价标准。当投资额一致时，折现值越高意味着该方案的投资回报越高。在确定投资方向后，企业需要细致地分析各种投资方案未来的现金流量，只有这样，企业才能制订出明智而合理的投资方案。企业在投资决策时需平衡风险与收益，并优先考虑收益率高的投资方案，以提高企业总体的投资报酬率。

投资管理的基本内容是投资决策分析。想要进行投资管理，企业需关注三个方面的基础工作：首先，挑选合适的投资方向，企业在决定投资方向时需慎重考虑，因为选定的投资方向将直接影响企业未来发展的道路和方向，会对企业发展产生较大影响；其次，在做具体的投资分析时，企业需要同时考虑现金流量和投资风险问题，以确定恰当的投资规模，选择合理的投资结构，以最低的风险获得最大的投资收益；最后，在确定投资项目后，企业需要进一步加强管理，以确保

投资项目能够收获令人满意的成效。

（三）营运资金的管理

资金营运活动包括所有与企业日常经营活动有关的财务活动。企业在资金营运过程中需进行原材料或商品物资的采购、提供人力劳动、生产和销售产品，同时还需要支付员工薪资及其他相关费用。企业在销售产品或商品后能够获得相应的收入，从而实现资本回收。在日常营运活动中，企业需要进行大量的资金往来。如果企业的资金流动不足以满足营运需求，那么企业还要利用商业信用方式来融通资金。对于企业而言，资金流动性越高，即周转用于企业整体营运的资金的速度越快，企业便能更有效地运用资金，生产更多的产品，从而获取更多的收入。

企业经营所需的日常资金主要由流动资产和流动负债组成，企业就是用这种资金来支持企业营运活动的正常进行的。一般而言，营运资金管理的基础职责在于确保公司能够获得充足的短期资金，且能够高效地运用这些资金提升资金周转率。管理营运资金的基础目标是帮助企业合理分配资金、及时跟踪资金的流动情况，从而提高企业运用资金的效率、增强短期资金流动性。

（四）利润分配的管理

资金分配活动是指对货币资金收入的扣转过程。当企业资金经过一次循环还原到原始货币形态后，需要将所收回的货币资金与原垫支的货币资金进行数量上的比较，才能确定本次资金运动循环后所得到的资金增值数额。然后，将这些资金价值增值额分配出去，或以利息、股利形式交付给资金所有者，或以利润留存形式留在企业中，作为下次资金运动扩大再投资的积累。资金收入的分配在企业中涉及多个层面和环节。企业需要优先利用已获得的货币资金来应对生产经营过程中的资金支出。随后，货币资金将用于企业支付流转税、偿还债权人的利息和费用，以完成资金收益的第二阶段的分配。经过以上两轮分配后，企业的总余额会转化为总收益。企业所得税需要从利润总额中扣除，之后进行资金收入的再分配。最终的资金分配涵盖以下几个方面内容：将税后净利润作为盈余公积金的提取来源、分配股东（投资者）红利，以及在企业内保留未分配的利润。

企业主要以投资或运营资金的方式来获得收益。利润是企业经营的最终成果，它代表所有收入减去各种成本费用后的剩余金额。企业按照规定缴纳所得税后所得的盈利即企业收获的税后利润。税后利润属于企业所有者的权益，因此对于企业财务管理来说，分配税后利润是一个非常重要的任务。将税后利润分配给所有者是企业与所有者进行合作的成果体现，其目的是满足各个所有者的投资需求并为他们带来投资回报。所有者的投资回报是企业分配利润的重要目标，也是所有者进行投资的主要动机。留用企业利润也属于所有者的权利，这意味着他们可以将资金重新注入企业内部，支持企业进行新一轮的运作，未来的利润仍然属于所有者。不同的企业所有者具备不同的投资目的，因此在利润分配和企业利润保留方面，他们的态度往往有所不同。有些企业所有者注重投资的即时回报，而其他股东则更偏向于将企业的利润保留下来，以期待获得更高的投资回报，企业在利润分配方面的决策直接受到这种态度差异的影响。从本质上看，企业保留利润属于企业内部资金筹集，这一环节会直接影响企业的筹资决策，同时也会影响企业的利润分配。

利润分配管理的核心在于探讨企业在税后利润的基础上采用何种方式进行公平合理的分配，其中涉及向投资者支付的利润比例及企业应该保留下来的份额。在分配利润时，企业需要平衡投资者短期利益和长期利益之间的关系。如果股利发放过少，那么企业可能无法满意各个投资者的近期收益诉求；而发放过多，又会使企业留存过少，不利于企业的长期发展。

以上所述的财务管理四个方面的内容相互依存、相互制约、有机地联系在一起，但又各成体系，形成财务管理的基本内容。财务管理人员必须将这四个方面进行综合分析、考量，统筹安排，合理规划，才能取得较好的理财效果。

二、企业财务关系的管理

（一）企业的利益相关者及关系

从广义角度看，与企业利益相关的所有人都可以被视为利益相关者，具体包括这几个层面的相关者：第一，资本市场层面，也就是债权人、股东；第二，产品市场层面，也就是商品主要客户（包括目标顾客、产品的最终用户）、供货商、企业所在社区及工会；第三，企业内部风貌，也就是经营者和其他员工。从狭义角度看，利益相关者不包括股东、债权人和经营者，主要包括那些能够针对公司现金流行使索偿权的相关者。在本书中，笔者主要研究的是狭义层面的相关利益者。

企业的利益相关者主要包括两类，一类是合同利益相关者，另一类是非合同利益相关者。前者包括供应商、广大客户及员工，三者之间具备法律上的联系，且都受制于合同；后者包括普通消费者、企业所在社区的广大居民及企业基于预期所涉及的间接利益相关群体。

股东和合同利益相关方存在部分共同的利益，但是也在利益上存在一些差异和冲突。存在股东以自身利益为出发点损害合同利益相关者的情况，同时也存在合同利益相关者影响股东利益的情况。所以，为了保障双方的合法权益尽可能低地不受到损害，企业需要制定用于管理股东和合同利益相关方关系的规章制度、法律法规。通常情况下，只要企业遵循合同条款，便可符合大多数合同相关方的要求。当股东致力于实现最大化的投资回报时，合同利益相关者也将获得更大的利益。需要注意的是，除了法律的制约，企业还需要依靠道德准则来缓解双方的利益冲突。

法律给那些非股东利益相关者提供的保障比合同利益相关者要少，他们受法律保护的程度相对较低。非合同利益相关者对企业社会责任政策的影响也是相当明显的。

在企业的财务活动中，必须处理好企业与各个方面利益相关者之间的财务关系，只有这样才能保证财务活动正常进行和稳步发展。企业与各利益相关者之间的关系具体可概括为以下几个方面。

1．企业与投资者之间的财务关系

企业的投资者按照投资主体的不同，可分为国家、法人、个人、外商和民间组织等。投资者向企业投入资金，继而成为企业的资产所有者，可以参与企业剩余价值的分配，同时也必须承担一定的经营风险。企业获得资金后成为受资者，可以运用所得资金运营和管理企业，并对投资者承担资本的保值和增值责任。在企业实现净利润后，企业应按照投资者的出资比例或者合同、章程等规定，向投资者分配利润。

2．企业与债权人之间的财务关系

企业在经营过程中，由于经营策略的需要和资金短缺的原因，除利用投资者投入的资本，还需要借入一定数量的资金。企业的债权人主要包括：债券持有人、贷款机构、商业信用提供者、其他出借资金给企业的单位和个人。企业的债权人与企业的投资者的地位不同，债权人主要按照预约期限收回贷款本金和借款利息，在企业破产清算时，具有与其地位相对应的优先求偿权。而企业在获得债务性资金后，必须按照约定的利率及时间向债权人支付利息，在债务到期时及时偿还本金，这样一来两者之间的财务关系就带有权利和义务性质。企业与债权人之间的财务关系是建立在契约基础之上的债权与债务关系。

3．企业与受资者之间的财务关系

企业在对外投资过程中，很有可能会形成在企业和受资者中间出现的特定的财务关系，即企业通过直接投资或股票，向其余企业进行投资，以此形成投资者和被投资者（受资者）的关系。此外，企业作为其他企业的投资者，也必须按照投资合同、协议、章程等规定履行出资义务，在成为该企业的资产所有者后，承担企业经营中的一部分风险。当受资企业获得利润后，按照出资比例或者合同等向投资企业分配利润。因此，企业与受资者之间的关系也体现了所有权性质的投资与受资关系，同时也是一种共同承担风险并共同享受剩余收益的关系。

4. 企业与债务人之间的财务关系

企业在对外投资活动中，还可能会形成一种存在于债务人和企业间的财务关系，具体表现为企业通过购买债券、发放贷款或提供商业信用等方式向其他单位提供资金，然后从中获得一定的经济利益。企业借出资金后，债务人有责任按照约定的利率和还款时间向企业支付利息，同时他们还需及时归还借款本金。这是企业享有的合法权利。当债权人破产时，也有权按相应的地位享有优先求偿权。企业与债务人之间的财务关系也体现了一种债权与债务的关系。

5. 企业与内部各经济责任主体之间的财务关系

企业内部各经济利益主体以责、权、利相结合原则为基础，各自执行不同的职能，在相互合作过程中构成了一个完整的企业系统。在企业中各种经济责任主体的经济往来需要内部结算，这体现了企业内部分工协作的资金结算关系。只有分清各经济责任主体的经济责任，确认各方的责、权、利，制定科学合理的内部岗位责任之后，才能真正落实约束与激励措施。

（二）企业与利益相关者之间关系的协调

财务关系中最核心的经济利益关系是经营者、所有者、债权人之间的关系。在协调各方利益的过程中，我们需要特别关注所有者、经营者和债权人之间的利益冲突，要确保它们得到妥善协调处理，因为这三方是企业最重要的利益管理主体。

1. 所有者与经营者利益冲突的协调

所有者是企业出资者，所有者期待经营者实现他们的利益。所有者追求的目标是通过企业的经营，使他们的资本保值增值，最大限度地提高资本的收益，增加股权价值（上市公司表现为股票价值）。现代社会里，通常情况下，企业经营者并没有独自支配整个企业的职权，他们只代表着企业所有者。他们考虑的是在什么条件下为所有者工作及从所有者那里能够取得多少薪酬，只有在这些前提下，经营者才能努力地为所有者创造财富。因此，舒适的工作条件、优厚的报酬、个人声誉和社会地位等，是他们追求的目标。当所有权与经营权无法有机融合，进而产生分离时，不属于企业内部环境的股东与属于企业内部环境的企业经营者就会产生利益层面的矛盾冲突，这使得经营者目标与所有者目标不完全一致，导致经营者可能为了自身的利益而背离所有者的利益。这种背离主要表现在两个方面：一是逆向选择，即经营者的行为直接背离了所有者的利益要求；二是道德风险，即经营者为了自身利益和声望，不会去尽最大努力提升所有者的利益。

约束是一种可行的方法，能够解决所有者和经营者之间的利益冲突。约束有内部约束和外部约束两种方式，都可以规范经营者的行为。内部约束主要是通过企业内部一系列管理机制和制度，来约束经营者的行为，甚至解聘经营者；外部约束指的是借助市场对经营者加以约束。当经营者采取错误的决策后，企业往往会出现绩效不理想、经营不善的情况，这可能会导致其被迫被其他企业收购或合并，而经营者也将面临解雇的风险。经营者必须全力以赴地实现财务管理目标，以保障自身职业稳定，避免自己的职位被其他人接管。此外，激励也可以解决所有者和经营者之间的利益冲突。企业领域的激励指的是通过实施奖励措施，例如推行股权激励计划或是股票期权激励计划，将管理层的薪酬与公司绩效相关联，以刺激他们采取更有益于股东收益增加的决策。股票期权是一种能够为经营者提供在约定价格下购买公司股票的机会的权利，一旦市场股票价格高于约定价格，经营者就可以获得额外的收益。为了增加所有者的财富，经营者需要采取一系列的行动以提高股票价格，增加企业所有者的财富。绩效股也是一种奖励制度，在这种制度下，企业可以使用每股收益、资产收益率等指标来衡量经营者的表现，并根据经营者表现的不同为其提供不同数量的股票，这些股票会被视作企业经营者应得的报酬。假设企业经营者不能实现设定的业绩目标，他们会失去部分基于绩效股份账户所产生的权益。该方法能够鼓励经营者积极采取行动，其目的不仅在于帮助经营者获取更多的业绩股份，还在于帮助经营者将每股收益最大化。为了实现这一目标，企业经营者往往会采用多种手段来确保股票市价稳步上涨，企业所有者的财富程度也会得到提升。需要注意的是，采取这种方法，当股价因客观原因而没有上涨时，企业经营者依然可通过绩效股的形式获取收益。

2. 所有者与债权人利益冲突的协调

一般情况下，所有者和债权人的利益追求可能存在分歧，甚至会出现引起双方之间争议和对立的情况。其主要体现为两个方面：首先，在债务到期时，债权人希望收回所借款项的本金，但与此同时，资金所有者希望收获更高的投资回报。

在这种情况下，经营者可能会被要求调整原本规划方案中的资金用途，以应对更具风险的项目，这可能会提高债务风险，导致债权人的债权价值减少，最终使得债权人的风险和回报比例失衡。如果高风险的项目取得成功，资金所有者会单独享受额外的回报，而假如高风险项目未能达成预期效果，投资本金将无法收回，债权人需要与资金所有者一同承担相应的资金损失。其次，资金所有者可能会越过债权人，直接要求经营者贷款，这种做法会增加偿债风险，债权人的债权价值会被降低。

企业通常采用两种可行的方式来缓解所有者和债权人之间的利益矛盾：第一种方式是企业可以采取限制性贷款措施。债权人可以指定借款用途，添加担保条款及信用条件以保护自己的权益，避免所有者减弱其债权的价值。第二种方式是收回借款及停止借款。如果企业试图减少债权的价值，债权人很可能会采取行动来保护自己，具体行动就是收回债权或停止向企业提供新的贷款。

第三节　企业财务管理环节

财务管理可被分为两个部分，分别是企业财务管理工作步骤与一般工作程序。通常来说，企业的财务管理围绕六个重要方面展开，包括财务预测、财务决策、财务预算、财务控制、财务分析和财务考核。这六个管理环节紧密相连、密切配合，共同构成了一条不间断的财务管理流程，由此形成了一套完整的财务管理体系。

一、预测与决策

（一）财务预测

财务预测指的是对企业历史财务数据、企业现状及企业需求进行细致分析，预测企业未来可能发生的财务活动的财务行为。“预测”这一财务工具对于现代企业财务管理来说是必不可少的，它能够帮助企业预测未来的发展趋势并做出相应规划，就像观察目标时使用望远镜一样必要。

财务预测的内容主要包括销售预测、资金预测、成本费用预测和利润预测。销售预测是对销售量、销售价格、销售收入作出的预测。资金预测是对资金需要量、现金流量作出的预测。成本费用预测是对销售成本、税金及期间费用等做出的预测。利润预测是对企业利润的形成及利润分配进行的预测。企业在进行财务预测时，应该收集和整理大量的财务资料和其他相关资料，运用科学的方法进行预测。合理的财务预测是科学财务决策的基础和前提保证。

财务预测的功能主要有三种：第一，财务预测可以为决策者提供可靠的数据，以便决策者预测不同生产经营方案可能带来的经济效益，并在做出决策前加以考虑；第二，财务预测可以帮助企业分析预期收支走势，决策者可以以此为基础制定经营目标；第三，财务预测可以帮助企业确定每项规定的数量和标准，从而为企业制定计划和分解计划提供支持。

财务预测具备许多不同的方法，大多数企业都会运用的方法有定性预测法和定量预测法两种。具体而言，前者指的是通过直观的数据材料、个人的经验心得与主观判断技巧，再加上综合分析能力，对未来的情况和趋势进行预测，主要包括专家意见法、专家调查法（德尔菲法）和集体判断法。后者指的是以存在于不同变量间包括因果关系、时间关系在内的数量关系为基础，构建特定的数学模型，进而进行预测，主要包括直接预测法、趋势预测法、因果预测法、回归预测法和指数预测法等。

财务预测的程序一般包括四个方面：第一，明确预测对象与目的；第二，搜集并整理有关的资料信息；第三，选择合适的预测模型，并以影响程度为标准，对存在于每一个因素之间的关系进行有效预测；第四，确认财务预测结果，以所选的预测模型为出发点，将其影响预测对象的相关标量代入预测模型，采用恰当的方法，进行定性、定量分析，并对预测的结果进行适当的修正，编写预测报告。

（二）财务决策

财务决策是一种有目标的行动。进行财务决策时，企业需要采用专业方法对多种备选方案进行比较分析以确定最终的最佳方案，实现财务战略目标。企业财务计划和财务控制的实施基于企业的财务预测之上，这也为我们证实了财务决策的重要性——它是财务管理概念中的关键内容。企业发展的成功与否直接取决于其财务决策是否正确。

财务决策内容按具体对象可分为：筹资决策、投资决策和股利分配决策。筹资决策是确定筹资数额、筹资渠道、筹资方式、资本结构等内容进行选优的决策。投资决策是采用专门的方法评价投资方案，进而确定最优投资方案的过程。股利分配决策是根据企业情况，采用不同的股利分配政策，以适应企业的发展，处理好与股东之间的关系的决策。

财务决策主要有两种方法。第一种方法为经验判断法。企业在进行决策时，常常需要参考决策者的经验，并使用各种技术方法来进行选择。这些技术方法涵盖淘汰、排队和分类等。第二种方法是定量分析法。就这种方法而言，常用的策略包括但不限于比较和对比不同方案、使用线性规划技术进行分析、运用数学微分方法进行分析、采用决策树模型进行决策、进行成本收益分析等。

财务决策的步骤一般包括三个方面：一是确定决策目标，二是拟定备选方案，三是评价和选择最佳方案。按一定的评价标准，采用恰当的方法，对各备选方案的优劣或经济价值进行评价，进而确定预期效果最佳的财务决策方案。如果涉及重要的财务活动还要聘请专家进行鉴定，以保证方案切实可行。

二、预算与控制

（一）财务预算

财务预算又称为财务计划，是根据财务管理的总体目标，以确定的财务决策方案为依据，利用价值形式，确定预算期内各种预算指标的过程。

财务预算的基础是基于财务决策规划的方案与财务预测获得的信息，我们可以将其视作财务预测与财务决策的量化、具体化、系统化。财务预算反映企业与各方面的财务关系，是企业从事财务活动的纲领性文件，也是财务控制、财务分析、财务考核的依据。

财务预算有狭义和广义之分，从狭义角度看，财务预算是一项重要的预算工作，可以揭示企业在财务收益、支出及财务状况等方面的情况。其预算内容通常包括现金预测、预计收益表、预计资产负债表和预计现金流量表等。广义的财务预算是一定时期内企业生产经营活动的全面预算。在狭义预算内容之外，财务预算还包括销售、生产、直接材料、直接人工、制造费用、销售费用及管理费用等多方面的预算。

（二）财务控制

财务控制是指利用相关信息和特定策略协调企业财务运营，以实现既定财务目标的过程。财务控制是财务管理的基础性和经常性的工作，是实现财务管理目标的基本手段，也是企业进行财务制度执行、确保预算任务完成、确保预算实现时可以选择的一种效果较好的手段。

财务控制内容主要包括利润控制、成本费用控制和资金调度控制。财务控制以利润控制为龙头，关键是成本费用控制，核心是资金调度控制。财务控制体现了市场经济对企业财务管理的基本要求，以及企业目标和企业财务管理目标对企业财务管理的内在要求。

财务控制方式按控制权限的不同分为集中控制、分散控制和多级递阶控制；财务控制的方法按控制标准不同分为制度控制、预算控制和定额控制；按次序不同通常分为前馈控制、过程控制和反馈控制等；按控制的手段分为定额控制和定率控制。

财务控制一般要经过以下五个步骤。第一步，确定控制目标。根据财务计划，设定企业整体目标，并秉持责任、权力和利益相结合的原则，将整体控制目标细分拆解。第二步，建立控制标准。逐步将整体可控目标细化，然后将其分配给相应的部门和个人，以便企业进行细致控制。第三步，对控制标准加以执行。想要确保财务活动能够在预算范围内，企业相关人员需要及时实施控制措施，支持符合标准的财务活动并限制不符合标准的财务活动。第四步，对执行偏差加以确定。企业必须定期审查财务信息系统所提供的财务经营状况反馈，以便快速识别任何区别于监管标准的财务信息。第五步，剔除执行过程中可能存在的偏差。企业需要找到问题出现的根本原因，并采取必要的措施来剔除相应偏差，以确保企业能够成功地完成财务计划。

三、分析与考核

（一）财务分析

财务分析旨在通过专业方法对企业财务报表和相关信息进行系统性分析和评估，进而了解企业的财务现状、经营成效和未来发展趋势。财务分析既是对已完成的财务活动的总结，也是财务预测的前提，在财务管理循环中起着承上启下的作用，承担着检查财务预算、落实财务决策的职责。财务分析水平是决定财务管理整体水平最为重要的因素之一。

财务分析的形式按时间分为定期分析和不定期分析；按范围大小分为全面分析和专题分析。目前常用的分析方法有：对比分析法、比率分析法、因素分析法和差额分析法等。

财务分析包括以下步骤：一是收集资料，掌握信息。二是指标对比，揭露矛盾。通过数量指标的对比来评价业绩，包括实际与计划对比、本期与前期对比、本期与历史最好水平对比、本期与同行业水平对比等。对不利的因素，挖掘不足之处，发现差距，将有利因素的优势最大化。三是分析原因，明确责任。能够对企业财务活动产生影响的因素有很多，包括生产组织因素、生产技术因素、经营管理因素、企业内部因素与外部因素，以及思想政治因素等。通过测定产生差距的影响因素与影响程度，依据责、权、利原则，明确责任，抓住关键。四是提出措施，改进工作。以因素分析结果为根据，研究出可行性高的改进方法，并且要对实现期限与责任人进行明确，同时对有利的影响因素应继续鼓励，进一步推广落实。

（二）财务考核

企业通过财务考核能够比较实际业绩和预设的考核目标，以确定哪些责任单位和个人已经达成任务要求。财务考核与奖惩是相辅相成的，它们是建立激励机制和约束机制的基础，也是企业实施责任制的关键环节。

企业进行财务考核时可以采用多样化的方法和形式。例如，企业可以通过设定绝对指标、相对指标及完成率等对企业的发展状况、财务状况进行考核。当然，企业在对财务进行考核评价时，也可以综合考虑多项财务指标。

此外，企业需及时评估责任单位的计划执行情况，并审查财务指标的执行进度，时刻把控企业的状态。为了激励员工，企业应将财务指标纳入各级岗位的业绩考核范畴，对那些表现出色的员工要给予奖励，对表现不佳的员工要进行惩罚。

第四节　企业财务管理环境

我们可以将企业财务管理环境称作理财环境，它由多个因素构成，这些因素都在不同程度上影响着企业的财务活动和管理活动。企业在开展财务活动和处理财务关系时，都处于某种环境当中，必然受到环境的制约和影响，企业财务决策必须顺应理财环境的变化，而非试图改变环境，因为理财环境属于企业决策的外部制约因素。研究理财环境，有助于增强企业财务对环境的适应能力，确立和实现财务目标，提高财务管理效率。财务管理环境的范围十分广泛，能够对其产生直观影响的因素有四个，一是政治与法律环境，二是经济环境，三是技术环境，四是金融市场环境。

一、政治与法律环境

（一）政治环境

政治环境是指某个国家或地区在某个时期内的政治文化和气息所构成的政治观念，主要包括社会安定程度、政府制定的各项政策的稳定性、政府机构的管理水平和办事效率等。政治环境是国家经济、法律、科技、教育等领域发展的决定性因素，它直接或间接地影响着这些领域的发展目标和发展水平，发挥着基础性的作用。因此，在很大程度上，企业财务管理工作受政治环境的制约。

企业投资、筹资、运营和分配等理财活动无不受到国家政治环境的影响，特别是国际政治的影响，有时甚至可以决定企业的生存与兴衰。企业处于较为稳定、较为和平的政治环境中时，可以很顺利地对长期财务与资金用途进行规划。在动荡的政治环境中，企业要着重考虑筹资的风险程度和投资的安全性，重视短期的资金安排。我国企业的财务活动必须符合国家的统一发展规划要求，接受国家的宏观监督和调节，符合国家的产业政策和发展方向，承担必要的社会责任。

（二）法律环境

企业在与外界进行经济往来的过程中，需要遵守各种法律法规和规章制度。在市场经济世界中，法律会限制和规范企业的经济活动，企业必须在遵守相关法规的前提下进行合法经营。并且，法律不仅能规范企业参与合法活动的行为，也会保障和支持它们的合法经济活动。

现如今，财务管理所受的国家现行法律法规的影响是多方面的。第一，企业受筹资法规的影响。很多筹资法规对企业的筹资活动进行了规范和限制，如《中华人民共和国证券法》《中华人民共和国公司法》《中华人民共和国金融法》等相关领域的法规。第二，企业受投资法规的影响。不同国家和地区的法规对企业都有不同的要求和限制，这些法规可能会对企业的经营与投资产生影响，如《中华人民共和国公司法》《中华人民共和国证券法》《企业财务通则》等。第三，企业的收益分配受相应法规影响。企业在进行收益分配时，需要遵守众多法规的规定，包括《中华人民共和国公司法》《中华人民共和国所得税法》《企业财务通则》等。

法律环境对企业的影响十分广泛，不仅影响其组织形式、治理结构、投融资活动，还会影响企业的收益分配及企业运作方式。

二、经济环境

经济环境是指企业进行财务管理所处国家的宏观经济状况。经济环境对财务管理的影响最为重要，企业财务管理的首要任务就是及时发现宏观经济环境的变化，进而进行管理决策调整，以适应企业提高经济效益的要求。宏观经济环境主要包括经济体制、经济周期、经济发展水平和宏观经济政策等。

（一）经济体制

经济体制是一个国家的基本经济制度，决定了社会经济资源的基本配置方式，因此，经济体制就是对社会经济资源进行配置进而制定并执行决策的各种机制。最为典型的经济体制就是计划经济体制和市场经济体制，这两种经济体制产生了计划配置和市场配置两种社会经济资源配置方式。

在计划经济体制中，国家会集中企业的资本、投资和风险，企业的盈利归国家所有，亏损则由国家承担。在这种模式下，虽然企业有自己的账目，在名义上也属于独立核算单位，但无权自主处理自己的财务。并且，在这种经济体系中，财务管理的范围比较有限，且所采用的财务管理方式相对单一。在市场经济体制中，企业是独立的经济主体，需要自主经营并承担收益风险。其拥有独立的经营自主权和财务管理自主权，属于具有独立法人地位的财务机构。企业可以根据自身内部需求进行资本量预测，能够在市场上自行募集资金，然后根据自身选择的项目进行投资，以期获得相关的回报。而且，企业可以自主决定如何分配这些回报。所以，从市场经济机制的角度看，企业需要基于其内外部环境的变化，灵活地制定和实施不同的财务策略，以适应市场经济的发展情况。因此，财务管理任务范围较广，企业在对其进行规划时，需要采用多种不同的处理方法。

（二）经济周期

经济周期是指一个国家的国民经济发展状况的阶段特征和规律。在计划经济体制下，社会经济的发展是由政府根据国民需要和国民生产能力来集中调控的，经济周期不是自发的。而在市场经济体制下，经济的发展过程通常带有一定的波动性，并会在一定时间内呈现出先繁荣、再衰退、后萧条、再复苏的周期性发展态势。

经济周期从供不应求的卖方市场，到供求一致的均衡市场，再到供过于求的买方市场，都是市场作用的结果。企业发展阶段、生产经营规模和能力、营利能力及所需的资本量不同，都会影响企业最终的营收效果，这意味着企业需要根据自身情况采取合适的财务管理战略。如表 1-4-1 所示，西方财务学者对于企业在经济周期中的财务管理策略进行了探讨。

表 1-4-1　经济周期中的财务管理策略

经济周期	繁荣	衰退	萧条	复苏
财务管理策略	1. 扩充厂房设备	1. 停止扩张	1. 建立投资标准	1. 增加厂房设备
	2. 继续建立存货	2. 出售多余设备	2. 保持市场份额	2. 实行长期租赁
	3. 提高价格	3. 停产不利产品	3. 缩减管理费用	3. 建立存货
	4. 开展营销规划	4. 停止长期采购	4. 放弃次要部门	4. 引入新产品
	5. 增加劳动力	5. 削减存货	5. 削减存货	5. 增加劳动力
	—	6. 停止扩招雇员	6. 裁减雇员	—

经济的周期波动对财务管理有着非常重要的影响，企业理财必须时刻把握经济周期的变化，针对不同经济周期的特点及其对企业经营的影响，调整自身的财务决策和财务政策。

（三）经济发展水平

经济发展水平是一个相对概念，按标准把不同的国家分别归于发达国家、发展中国家和不发达国家三大群组，不同的经济发展水平对财务管理的要求也不尽相同。企业财务管理人员必须积极探索与经济发展水平相适应的财务管理模式。

经济发展水平的提高直接带动了企业财务管理水平的提升，二者之间紧密相连，并呈正比例关系。通过加强财务管理，企业能够降低运作成本、改进生产工艺、提高企业整体效率，进而带动企业经济水平的提升。随着社会经济水平的提高，企业的财务策略、理念、管理方式和模式也将发生变化，这将促进企业财务管理水平的提高。要实现经营目标，企业需要使财务管理与宏观经济发展目标处于平衡状态，并采取有效的业务运营方法。所以，企业财务管理应以宏观经济发展为指导，不断促进企业发展。

（四）宏观经济政策

宏观经济政策是国家针对整体经济调控目标所制订的长远计划和策略性规划，包括但不限于国家经济发展计划及国家的经济体制改革政策、行业政策、政府的行政法规、社会保障体系改革政策等。国家对地区经济、行业经济、经济行为的鼓励优惠、限制调整、有利或不利的倾斜，构成了国家经济政策的主要内容。经济政策的制定必将对企业的筹资、投资和分配等财务活动产生重要的影响。

财务管理人员应当及时了解国家的经济政策的变化，研究经济政策的调整对财务活动产生的影响，如国家产业政策的调整，可能会限制某些产业的发展规模，也可能会以政策倾斜的手段鼓励另一类产业的发展，如果企业及时地领会某项经济政策的变化，就能及时把握住投资机会，取得行业优势，降低经营成本，按政策导向组织财务活动，实施有效的财务管理。

三、技术环境

企业财务管理效率和管理效果取决于企业可用的技术手段和当前时期的技术条件，而这些技术手段和技术条件共同构成了财务管理的技术环境。我国现阶段的财务管理行为主要依赖于会计系统，该系统可以提供60%～70%的企业经济信息。从企业内部层面看，管理层在制定决策时主要依据是企业内部的会计信息；从企业外部层面看，会计信息对于外部的利益相关者，如投资者和债权人等，非常重要，因为它能够为他们提供有价值的参考数据。

我国正在积极推进会计信息化，并计划在接下来的5～10年内，建立完善的法规和标准，培养专业人才团队，以便实现大型企事业单位的管理信息化和会计信息化的有机结合。这将有助于企事业单位提升整体管理水平和加强风险控制能力，从而让所有信息使用者更容易地获取、分析和利用数据进行决策和风险管理。同时，这也有助于使企业总体资源得到合理分配和管理。此外，在我国这项计划顺利实施的情况下，通过引入信息化手段对客户的财务报告和内部控制进行审计，大型会计师事务所可以有效地提高社会审计的质量和效率。同时，政府的会计管理和监督信息化也将得到强化，进而有效提高会计管理水平、强化政府监督效果。全面推进会计信息化工作，必将使企业财务管理的技术环境进一步完善和优化，使我国的会计信息化达到或接近世界先进水平。

四、金融市场环境

（一）金融市场的概述

金融市场和普通商品市场类似，也是一种交换商品的场所。金融市场包括三层核心概念：首先，金融市场代表各种金融资产的实体和虚拟交易场所；其次，金融市场是交易参与者进行各种买卖、投机和风险管理的基础平台，也代表这些行为过程中所产生的供求关系；最后，金融市场是市场经济活动的重要组成部分，涵盖资产交易的运行机制，能够影响世界范围内的经济状况和发展趋势。资金供需双方、多种金融产品、交易价格与方式及组织形式等诸多要素共同组成了金融市场。在理财环境中，金融市场扮演着至关重要的角色，不可或缺。借助金融市场，我们可以将想借款的人和机构与拥有多余资金的人和机构联系起来，其交易对象是银行存款单、债券、股票、期货、保险单等。与普通商品交易不同，金融交易大多数只是货币资金使用权的转移，而普通商品交易是所有权和使用权的同时转移。金融交易对于买方（投资人）来说是一种索取权，是可以产生现金流的资产；对于卖方（筹资人）来说是一种筹资工具，是将来需要支付现金的义务。

（二）金融市场的种类

1. 按照交易对象的期限可分为货币市场与资本市场

货币市场又称为短期金融市场，是交易期限不超过一年的短期金融工具的资金市场，其金融工具期限多为 3～6 个月，长的可达 9 个月或 1 年。货币市场能够为交易参与方提供多种选择，主要用于流通短期资金。货币市场可以按照其所服务的不同目标进行划分，包括银行同业拆借市场、短期借款市场、短期债券发行市场、可转让大额存单市场及票据市场等。货币市场的首要作用是能够保障金融资产的高度流通性和可兑换性，以便于企业和个人能够快速进行货币兑换。换句话说，货币市场不仅能够为需要短期借款的人提供资金支持，还能为暂时有闲置资金的人提供投资渠道。

我们可以将资本市场称作长期资本市场，它的交易期限超过一年，本质上是一种长期金融工具。其金融工具的期限均在一年以上，多为 3～5 年，有的在 10 年以上，甚至无确定期限。该市场主要是为企业和政府提供中长期的资金融通渠道，主要包括长期信贷市场和证券市场，其中证券市场又包括股票市场和债券市场。资本市场的主要功能是进行长期资金的融通。

2. 按照功能不同分为发行市场和流通市场

发行市场，也被称作“初级市场”“一级市场”，特指供资金需求者首次将证券出售给投资者时产生的市场。在发行市场中，人们可以进行新型金融工具，如证券和票据等的交易。该市场的主要经营者是投资银行、经纪人和证券自营商（在我国这三种业务统一于证券公司）。它们负责流通政府、公司新发行的证券及承购或分销股票。

我们可以将流通市场称作二级市场或次级市场，这种市场的存在可以使各个投资者之间的证券流通和交易更加便利、更加灵活。该市场的主要经营者是证券商和经纪人。证券的持有者在需要资金时可以在二级市场将证券变现。想要投资的人，也可以进入二级市场购买已经上市的证券，出售证券的人获得货币资金，但该证券的发行公司不会得到新的货币资金。

3．按照证券的索偿权不同分为债务市场和股权市场

包括公司债券与抵押票据在内的债务凭证，是债务市场交易的目标。债务凭证是一种契约，借款者承诺按期支付利息和偿还本金。债务工具的期限在一年以下的是短期债务工具，期限在一年以上的是长期债务工具。有时人们还把1～10年期限的债务工具称为中期债务工具。债务工具持有人的求偿权优先于股票持有人，债权人要想降低风险，就需要根据约定的利率获得固定收益。

股权市场交易的对象是股票。股票是分享一个公司净收入和资产权益的凭证。持有人的权益按照公司总权益的一定份额表示，而没有确定的金额。股票的持有者可以不定期、不定额的收取股利，但没有到期期限，风险较大，其权益的求偿权排在公司最后，股票持有人可以分享公司营利和增长的资产价值。

（三）金融市场的功能

企业的生存和发展与金融市场息息相关。从公司财务管理的角度看，金融市场的功能主要表现在：

1．资金融通功能

金融市场为企业融资和投资提供了场所，能为资本所有者提供多种投资渠道，为资本需求者提供多种筹资方式，使资金从那些没有生产性投资机会的人们手中，转移到那些拥有这些机会的人们手中，从而提高经济社会的效率，增进社会的经济福利。与此同时，这种转移使消费者在最需要消费的时候得以购买商品，也使直接消费者受益。

2．风险分配功能

在金融市场进行初级交换时，那些出售资本使用权的人或实体既要赚取资本使用权购买生产性投资者的一部分收益，又要面临一定的生产性投资风险。因此，在出售资本使用权的交易中，出售者也兼具风险投资者的角色，这也使得经济活动中承担风险者的群体扩大，每位投资者所承担的风险也就得到相应降低。

积聚了大量资金的金融机构可以通过多元化投资分散风险，进而有能力向高风险的公司提供资金。金融机构创造出风险不同的金融工具，可以满足承担不同风险的风险的资金提供者的需求。因此，金融市场在实现风险分配功能时，金融

中介机构是必不可少的。

3. 价格发现功能

金融市场中的交易资产价格，也就是金融资产要求的报酬率，受到买方和卖方之间的相互作用的影响。

公司的筹资能力取决于它是否能达到金融资产要求的报酬率。如果企业营利能力达不到要求的报酬率，就筹不到资金。这个竞争形成的价格，引导着资金流向效率高的部门和企业，使其得到发展，而效率差的部门和企业得不到资金，会逐步萎缩甚至退出竞争。竞争的结果，促进了社会稀缺资源的合理配置和有效利用。

金融市场的活跃程度可以反映经济的繁荣和衰退。证券的价格代表着其发行人的发展前景和企业经营现状。金融市场上的交易规模、价格及其变化的信息可以反映政府货币政策和财政政策的实施效果。金融市场生成并传播大量的经济和金融信息，可以反映一个国家甚至世界范围的经济发展和变化。

4. 调节经济功能

金融市场为政府实施宏观经济的间接调控提供了条件。政府可以通过央行实施货币政策对各经济主体的行为加以引导和调节。

政府有三种不同的货币政策工具可以使用，分别是公开市场操作、调整贴现率和调整存款准备金率，这些手段可用于政府实现特定的政策目标。当出现经济过热的现象时，中央银行可以通过公开出售证券的方式来控制基础货币的分配，以平衡整体货币供应并促进经济发展的平衡。另外，政府也可以采取其他措施，如提高商业银行从央行获得贷款的贴现率，缩小贴现贷款的规模，以减缓市场来自货币供应方面的压力；政府还可以提高商业银行的存款准备金率，这样一来，商业银行必须增加准备金以保持银行自身的运转，贷款规模会相应变小。如果货币供应量减少，那么利率就很可能会上升，进而减缓投资需求的增长速度，经济过热就会得到有效控制。

第五节　企业财务管理人员

一、财务管理人员的职位

经济组织，如企业、金融机构、非营利组织、政府等，都需要进行理财，都需要与财务活动产生联系，因此财务管理对于它们来说是至关重要的。这意味着财务管理可以为不同领域的人提供大量的职业发展机会和就业岗位。在职场实践中，财务管理的职位一般包括三个级别，即低级、中级和高级。

（一）低级职位

低级职位分别对应三类工作，分别是财务分析、信息分析和现金管理。财务分析员的任务（工作）是汇总和整理财务数据，为管理层提供财务分析报告，以便决策者进行决策。具体而言，财务分析员需要开展资本预算、长期融资方案、企业资本结构和股息政策等方面的分析研究。通过这些工作，财务分析员可以协助决策者并参与企业的财务决策。评估客户的信用能力和信用等级并对其进行分析是信息分析员的任务（工作）之一。制定信用政策是企业重要的工作，尤其是涉及商业信用申请客户方面的政策制定。企业的短期现金投资由现金经理管理，他们的职责包括把握短期证券收益、执行短期证券投资策略，以及监督短期投资。开展这些工作的目的是让企业能够按照其投资目标进行短期投资。

（二）中级职位

中级职位主要指的是财务经理助理、公司财务分析经理、公司风险管理经理和财务报告经理等四个职位。现在，许多大中型企业都雇用了多名财务经理助理，他们的主要任务是为财务经理提供帮助，并分担其部分工作压力。具体来说，财务经理助理需要负责以下几个方面的工作：规划公司在某一特定领域的财务政策、设计运营计划和资本重组方案，以及针对国际财务运营方面的挑战进行规划等。我们可以将公司财务分析经理称作财务分析师，他们致力于使用专业知识对公司在投资和融资等方面做出的决策进行深入细致的分析。他们负责针对运用资本成本、投资回报率预期和风险评估等指标进行测算，为企业提供准确的分析报告。经验丰富、素质过硬的财务分析师，能够为企业提供十分可靠的财务决策依据。现如今，各行各业正面临着越来越多的风险，而现代企业也受到了这些风险的影响。在这种背景下，为了应对业务需求，许多企业会指派风险管理经理来处理利率、汇率及商品等方面的风险问题。风险管理经理的主要任务是评估风险、设计与执行风险管理策略。上市企业通常需要在股票市场上发布许多财务报告。为了遵守《中华人民共和国证券法》和证券交易所的规定，许多中大型企业设立了财务报表经理的岗位。财务报表经理的主要职责是负责为企业制定和发布财务报告。

（三）高级职位

高级职位主要包括财务总监、财务主管、会计主管和战略规划副总经理等四个职位。在现代企业中，财务总监也被称作首席财务官（CFO），它对于现代企业而言非常关键。作为公司的重要战略决策制定者和执行者之一，CFO 直接面向股东和董事会汇报企业情况，拥有独立行使职权的权力，制定与执行战略决策的权力。他们对企业各项财务事宜负有全面的责任，是企业经营不可或缺的一分子。在企业内部，我们可以把财务主管称作财务主任。他们需要管理公司日常的财务活动，并负责企业资金各个方面的工作，包括但不限于资本预算、现金管理、投资管理、融资管理和利润分配等。财务主管受限于总监领导，向财务总监汇报企业财务情况也属于他们的职责。我们可以称会计主管为会计主任。他们负责执行企业内部控制和审计、管理会计及编写财务报告等。许多企业中的财务和会计工作职能存在着相互依存、息息相关的互补关系。由于会计主管和财务主管都处于财务总监的任职管辖下，会计主管也需要向财务总监汇报工作进展情况。企业战略规划副总经理的主要工作是为企业制定长期的财务计划、积极推进财务策略，以及负责企业并购等。有些企业可能将这些职责合并至财务总监一职。

二、财务管理人员的职能

财务管理人员的职责包括提高股东、企业和相关利益者的收益。企业要想实现企业的价值创造与提升，必须让财务管理人员参与其中并做出贡献。针对企业的价值创造活动，财务管理人员需要履行基础层面和高级层面的职责，以此来保障企业总体运行稳健。根据财务管理工作的重要性程度，我们可以将财务管理人员的职能分为相关职能与核心职能。在公司中，高级财务工作与企业战略制定密不可分，具体的工作任务包括业绩管理、决策支持及决策参与。与企业核心经营流程及资源管理流程相关的职能为基本职能，主要涵盖这几方面：第一，财务核算与控制；第二，财务服务；第三，财务信息管理；第四，资产管理。

对于财务管理人员，无论是基本职能还是高级职能，都可能涵盖核心职能和相关职能。我们可以将财务人员的核心职能总结为以下八种。

（一）决策支持

企业的战略决策可以通过企业决策支持的方式，获得财务分析、分析性模型和工具及动态实时经济信息的支持。

（二）业绩管理

对于企业而言，业绩管理可以为企业长远发展目标构建妥善的评价体系，同时也能为企业提供部分激励措施。

（三）财务战略

对于企业而言，财务战略能够以企业长远战略目标为出发点，为企业谋划最佳财务方案。

（四）财务服务供应

财务服务供应之所以属于一项业务支持，是因为财务部门能够提供多项服务，如融资、资金分配、税务管理、商业账户收付及客户信用评估等。

（五）会计核算与控制

会计核算与控制主要涉及企业的内部控制、企业的预算管理、企业的成本管理和企业的处理交易事项的会计工作。

（六）财务信息提供

财务信息提供，顾名思义，就是向企业内部、企业外部的信息运用者提供足够、可靠的财务信息。

（七）相关关系维护

相关关系维护主要维护不同企业角色（部门）之间的关系，这些企业角色（部门）包括债权人、股东、供应商、审计师、客户、税务部门。

（八）资产管理

资产管理的主要任务是负起维护和管理公司财产的责任，同时要确保财产完好无损，提高资产利用率。

财务管理人员除应具备相关的核心职能外，还应广泛地参与其他管理活动，应具备的相关职能主要有员工管理、信息统计、供应链管理、信誉维护、不良资产处理、财务知识培训、战略推广、远景规划、商务谈判、购并流程控制等。财务管理人员相关职能，如表 1-5-1 所示。

表 1-5-1　财务管理人员相关职能

职能分层	核心职能	相关职能
基本职能	财务服务供应、会计核算与控制、财务信息提供、相关关系维护、资产管理	员工管理、信息统计、供应链管理、信誉维护、不良资产处理、财务知识培训
高级职能	决策支持、业绩管理、财务战略	战略推广、远景规划、商务谈判、购并流程控制

三、财务管理人员的能力

财务管理人员的能力可以分为核心胜任能力和相关胜任能力。核心胜任能力直接影响到财务管理人员能否胜任其财务管理工作；相关胜任能力不是财务管理人员特有的能力，而是每个胜任工作的人员必须具备的能力，如自我提高能力和创新能力等。

财务管理人员应具备七项核心胜任能力。

（一）决策能力

这一能力指的是财务管理人员参与财务决策或相关战略决策的能力。

（二）战略规划能力

这一能力指的是财务管理人员对公司财务目标进行拟定、对财务战略进行规划、对财务功能长远发展进行评估规划的能力。

（三）分析能力

这一能力指的是财务管理人员创建模型，并借助模型对财务进行细致分析，以为公司提供决策支撑的能力。

（四）领导能力

这一能力指的是领导团队，并使其能够规划财务战略，实现财务目标，打造高效的会计核算系统和财务流程的能力。

（五）协作能力

这一能力指的是企业保持关联关系的能力，以及与其他管理层和业务部门建立业务合作伙伴关系的能力。

（六）控制能力

这一能力是指企业通过内部控制制度、预算管理、成本管理、风险管理等，管理交易流程并把控预定的业绩目标的能力。

（七）资源管理能力

这一能力是指有效管理公司的财务信息资源，以确保公司资产的高效运营并保护这些资产的能力。

财务管理人员的核心职能决定了其相应的核心胜任能力，财务管理人员核心职能与核心胜任能力的关系，如表 1-5-2 所示。

表 1-5-2　财务管理人员核心职能与核心胜任能力的关系

核心职能	核心胜任能力
决策支持	决策能力、战略规划能力、协作能力和分析能力
业绩管理	战略规划能力、控制能力和协作能力
财务战略	战略规划能力和协作能力
财务服务供应	控制能力和协作能力
会计核算与控制	资源管理能力和控制能力
财务信息提供	资源管理能力
相关关系维护	协作能力
资产管理	资源管理能力

第二章 企业财务管理基本价值观念

财务管理是以企业财务为对象，通过组织、控制和协调资金运动的过程，并在正确处理这一过程所体现的经济关系的基础上，保证企业目标得以实现的经济管理工作，它属于一种价值管理，是现代企业管理的重要内容之一。随着知识经济时代的到来，信息技术的发展使得当前财务管理面临着种种挑战。本章内容为企业财务管理基本价值观念，阐述了资金的时间价值、投资风险价值。

第一节 资金的时间价值

一、资金时间价值的概念

资金时间价值又称货币时间价值，是指一定量的货币资金在不同时间点上的价值量的差别。通常情况下，在利润平均化规律的影响下，等量货币资本在相同时间内应获得等量利润。因此，从量的规定性来看，资金时间价值相当于没有风险和通货膨胀情况下的社会平均资金利润率。

资金不会自动随时间变化而增值，并且，闲置的资金也不会增值，而且还可能随着通货膨胀贬值。资金在生产和流通过程中，只有在投资过程中才会有收益。随着时间推移而产生的增值，是货币所有者让渡其使用权而参与社会财富分配的一种形式。资金时间价值来源于资金进入社会再生产过程后的价值增值，其实质是资金周转使用后带来的利润或实现的增值。公司将筹资的资金用于购买劳动资料和构建劳动对象，劳动者借以进行生产经营活动，从而实现价值转移和价值创造，带来货币的增值。

相同的资金在不同的时间点上，其价值是不同的，资金时间价值可以被看成资金的使用成本。由于社会资源具有稀缺性特征，而且能够带来更多社会产品，所以现在物品的效用要高于未来物品的效用。从经济学角度而言，现在的货币能够支配现在的商品满足人们现实需要，而将来货币只能支配将来的商品满足人们将来不确定需要。如果要节省现在的一单位货币不消费而改在一年后消费，因为现在单位货币价值要高于未来单位货币的价值，所以在一年后消费时必须有大于一单位货币可供消费，这个大于一单位货币的部分就是用来弥补延迟消费的贴水。投资者进行投资就必须推迟消费，对投资者放弃现期消费应给予报酬，利息便是这一报酬，这种报酬的量应与推迟的时间成正比。

资金的时间价值有两种表现形式，即相对数和绝对数。绝对数即时间价值额，是指资金在运用过程中所增加的价值数额，即一定数额的资金与时间价值率的乘积，也是使用货币资本的机会成本。衡量资金时间价值的大小通常是用利息，其实质内容是社会资金的平均利润。资金时间价值是时间的函数，随时间的推移而发生价值的变化。相对数即时间价值率，一般用无风险的投资收益率来代替。在实务中，国库券利率，银行存、贷款利率，各种债券利率，都可以看作是投资报酬率，然而它们并非时间价值率，只有在没有风险和通货膨胀情况下，这些报酬才与时间价值率相同。由于国债的信誉度最高、风险最小，所以如果通货膨胀率很低就可以将国债利率视作时间价值率。货币的时间价值是公司资金利润率的最低限度。

财务管理中对时间价值的研究，主要是对资金的筹集、投放、使用和收回等，从量上进行分析，以便找出适用于分析方案的数学模型，提高财务决策的质量。企业在生产经营决策中将货币时间价值作为一个重要的因素来考虑，在筹资管理中，资金的获取是需要付出代价的，这个代价就是资金成本。资金成本直接关系到企业的经济效益，是筹资决策需要考虑的重要问题；在项目投资决策中，项目投资的长期性决定了必须考虑货币时间价值。由于竞争，市场经济中各部门投资的利润率趋于平均化，每个企业在投资某项目时，至少要取得社会平均的利润率，否则不如投资另外的项目或另外的行业。因此，货币的时间价值成为评价投资方案的基本标准；在证券投资管理中，收益现值法是证券估价的主要方法，同样要求考虑货币时间价值；在企业存货管理中，对销售积压存货、保管费用等，都应充分考虑货币的时间价值，以使资金发挥最大的经济效益。

二、资金时间价值的计算

由于资金具有时间价值，因此同一笔资金，在不同的时间点，其价值是不同的。计算资金的时间价值，其实质就是不同时间点上资金价值的等值换算。等值换算是指不同时间点上的不同金额，在某一折现率条件下具有相等的价值。

反映资金时间价值的财务指标，主要有终值和现值两种。现值是指未来某一时间点上的一定量资金折算到现在所对应的金额，也就是本金，通常记作 P。终值又称将来值，是现在一定量的资金折算到未来某一时间点所对应的金额，也就是本利和，通常记作 F。现值和终值是相对的，第五年相对于第一年来说是终值，但相对于第十年来说是现值。连接现值和终值并实现两者相互折算的百分数称为折现率。资金时间价值有绝对数和相对数，分别用利息和利率表示，利率经常被当作折现率使用。现值和终值对应的时间点之间可以划分为若干个计息周期。资金的支付形式有一次性支付和等额支付，下面先介绍一次性支付的终值和现值。

（一）单利终值与现值的计算

单利是指只对借贷的原始金额或本金计算利息的一种计息方法。我国银行存款一般是按照单利计算利息。在今后的计算中，设定以下符号：

P 为现值；F 为终值；i 为折现率，通常用利率替代，指每年利息与本金之比；n 为计息期期数，表示第几期期末；I 为利息。利率 i 与期数 n 要对应：如果 i 为年利率，n 则为几年；如果 i 为月利率，n 则为几个月。

1. 单利终值的计算

单利终值是本金与未来利息之和。其计算公式为

利息 $I = P \cdot i \cdot n$

终值 $F = P + I = P + P \cdot i \cdot n = P(1 + i \cdot n)$

式中，分式 $(1 + i \cdot n)$ 称为单利终值系数。

2. 单利现值的计算

单利现值是确定未来终值的现在价值。根据 $F=P(1+i \cdot n)$ 得到单利现值的计算公式为

$$P = F \cdot \frac{1}{1 + i \cdot n}$$

式中，分式 $\frac{1}{1 + i \cdot n}$ 称为单利现值系数。

（二）复利终值与现值的计算

复利，就是不仅本金要计算利息，本金所生的利息在下期也要加入本金一起计算利息，即通常所说的“利滚利”，我国银行贷款一般是按照复利计算。相比较而言，复利法更能确切地反映本金及其增值部分的时间价值。

1. 复利终值的计算

复利终值是指一定数量的本金在一定的利率下，按照复利的方法计算出的若干时期以后的本金和利息。例如公司将一笔资金 P 存入银行，年利率为 i，如果每年计息一次，则 n 年后的本利和就是复利终值 F。如图 2-1-1 所示，横线代表时间的延续，用数字标出各期的顺序号，表示每期期末，时间轴是连续的，第 n 期期末就是第（n+1）期期初，竖线的位置表示支付时间，竖线的长短代表支付金额的大小，下端数字表示支付的金额。

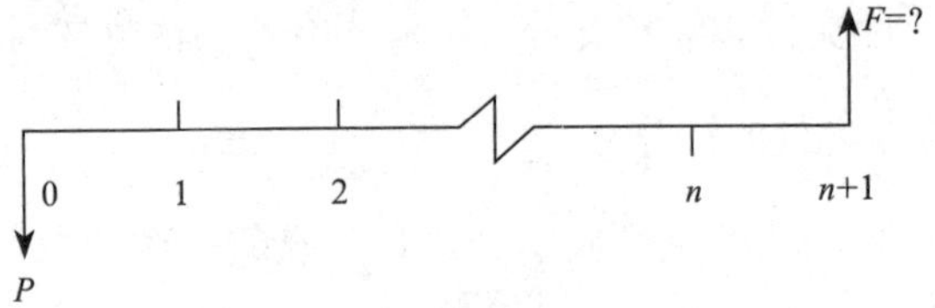

图 2-1-1　复利终值示意图

一年末终值：$F_1 = P + P \cdot i = P \cdot (1+i)$

一年末利息：$I_1 = P \cdot (1+i) - P = P \cdot i$

两年末终值：$F_2 = F_1 + F_1 \cdot i = F_1(1+i) = P \cdot (1+i)(1+i) = P \cdot (1+i)^2$

两年末利息：$I_2 = P \cdot (1+i)^2 - P$

由此可以推出 n 年后复利终值的计算公式为

$$F = P(1+i)^n$$

$$I_n = P(1+i)^n - P$$

式中，$(1+i)^n$ 称为复利终值系数，用符号（F/P，i，n）表示。

2. 复利现值的计算

复利现值是指未来一定时间的特定资金按复利计算的现在价值，即为取得未来一定本利和现在所需要的本金。例如将 n 年后的一笔资金 F，按年利率 i 折算为现在的价值，这就是复利现值，如图 2-1-2 所示。

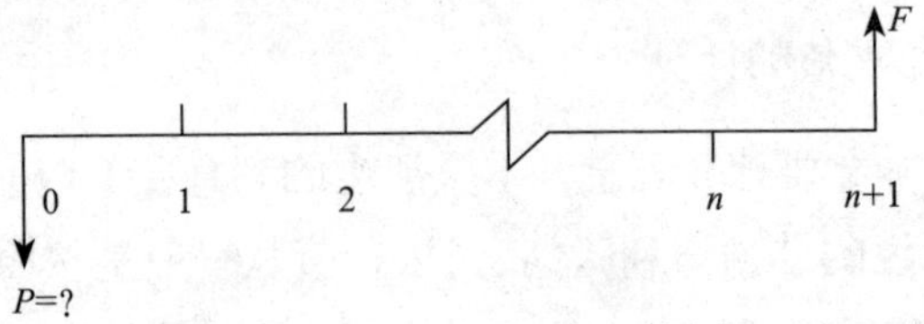

图 2-1-2　复利现值示意图

现值可由终值扣除资金时间价值的因素后求得，这种由终值求现值的方法称为贴现（或折现）法。折算时使用的利率称为折现率。

根据 $F=P(1+i)n$ 得到复利现值的计算公式为

$$P = F \cdot \frac{1}{(1+i)^n}$$

式中的分式 $\frac{1}{(1+i)^n}$ 称为复利现值系数，用符号（P/F，i，n）表示。

第二节 投资风险价值

资金的时间价值是在没有风险和没有通货膨胀条件下的社会平均资金利润率。在企业财务活动中，完全没有风险的投资几乎是不存在的，只有风险大小不同的投资。风险是客观存在的，企业通过计量、分散和降低风险获得增加股东收益的机会，这是财务管理需要研究的问题之一。

一、风险的概念及类别

（一）风险的概念

风险是指在一定条件下和一定时期内可能发生的各种结果的变动程度。当各种可能结果的变动程度大，风险也越大；而各种可能的结果变动程度小，风险也越小。

如果一种行动方案未来有多种可能的结果，称为这种行动方案有风险；如果一种行动方案未来只有一种结果出现，称为这种行动方案没有风险。

在投资决策中，往往根据决策所处的条件，将决策分成三种类型，即确定型决策、风险型决策和不确定型决策。确定型决策是指一种方案未来出现的结果是确定的。例如，将资金存入银行，则可获得 2.25% 的利息率；如果投资某种国库券，则可获得 3.37% 的利息率。由于未来的收益是确定的，投资者较易决策。风险型决策是指一种方案未来有多种结果出现，并且每种结果出现的概率是已知的。例如，企业投资生产一种产品，如果销路好，收益率可达 300%；如果销路一般，收益率为 100%；如果销路差，收益率为 50%。根据市场调查的资料分析，认为该种产品销路好的概率为 50%，销路一般的概率为 30%，销路差的概率为 20%，这就是风险型决策。不确定型决策是指一种方案未来有多种结果出现，但每种结果出现的概率是不知道的。例如，企业开发一种新产品，如果开发成功，可获得80%的收益率；但如果开发失败，则获得10%的收益率。至于新产品开发成功的概率有多大，事先无法知道，这就是不确定型决策。

风险型决策与不确定型决策虽然从定义上是有区别的，但实际上，风险型决策中各种可能结果出现的概率也并非完全肯定的，不确定型决策中各种可能结果出现的概率也可以根据决策者个人的主观判断加以估计。因此，企业财务管理中往往将风险型和不确定型问题都视为风险型来对待。这时风险就理解为可测定不确定性概率。概率的测定有两种：一种是客观概率，是指根据大量历史的实际数据推算出来的概率；另一种是主观概率，是指在没有大量实际资料的情况下，人们根据有限资料和经验合理估计的概率。

风险可能给投资者带来超出预期的收益，也可能带来超过预期的损失。由于投资者关注损失的程度比关注收益的程度要强烈得多，故对风险的研究更多是为了减少损失。因此，通常风险是指不利的一面，从财务的角度来说，风险主要指无法达到预期收益的可能性。

（二）风险的类别

不同类别的风险具有不同的特征，其具体的风险控制方法也不同。因此，在研究风险管理时有必要对各种风险从不同角度加以分类。

1. 从个别投资主体的角度看，风险分为市场风险和公司特有风险

市场风险是指影响投资对象的因素引起的风险，如通货膨胀、高利率、经济衰退、国家政变、战争等。这类风险涉及企业所处的宏观环境，所有企业都受其影响，是企业无法控制的因素。这类风险，无论投资哪家企业都无法避免，不能通过有效的投资组合加以分散，因此也称为不可分散风险或系统风险。

公司特有风险是指发生于个别公司的特有事件造成的风险，如公司新产品开发失败、诉讼失败、工厂失火、员工罢工、设备事故等。这类风险涉及企业所处的微观环境，并非所有企业都会发生，是企业能够控制的因素。这类风险，对某家企业来说是不利因素，而对另一家企业来说则是有利因素。如诉讼失败，对失败一方是不利的，对胜诉一方则是有利的。因此，这类风险可通过有效的投资组合加以分散，也称为可分散风险或非系统风险。

2. 从企业本身的角度看，风险分为经营风险和财务风险

经营风险是指企业由经营上的问题而导致利润变动的风险，也称商业风险。

从利润的构成因素可看出，影响经营风险的因素有产品销售量、销售价格、产品生产成本。这些因素，企业可以对其产生影响，但不能完全控制。这些因素的变化既取决于整个市场的需求量、竞争对手的情况，也与企业成本生产技术、工人和机器的效率有关。经营风险是普遍存在的，企业应通过加强市场调查、努力提高自身素质来降低经营风险。

财务风险是指因借款而增加的风险，是筹资决策带来的风险，也叫筹资风险。财务风险主要表现为两个方面：一是因借款而产生的丧失偿债能力的风险；二是因借款而使企业所有者收益下降的风险。企业负债经营会增加财务风险，但这并不意味着企业就不应借款，因为负债经营虽然会增加风险，但如果经营得当，也能给所有者带来额外的收益。

二、风险程度的衡量

风险的大小与未来各种可能结果变动程度的大小有关。因此，对风险程度的衡量，需要使用概率和数理统计方法。

三、风险和收益率的关系

投资的风险收益是指投资者冒着风险进行投资而获得的额外收益，又称投资风险报酬、投资风险价值。

由于市场竞争，高风险的投资必须有高收益，否则就没有人投资；低收益的投资必须风险也低，否则也没有人去投资。风险与收益的这种关系是客观存在的，而且投资者所冒的风险越大，得到的风险收益应该越高，也就是说，风险收益的大小应与所冒风险的大小成正比。

风险收益可以用绝对数表示，即风险收益额；也可用相对数表示，即风险收益率。风险的大小用离差率来计量，因此有

风险收益率＝风险收益系数 × 离差率

那么，投资者期望的投资收益率应在无风险收益率的基础上再加上风险收益率，即

期望的投资收益率＝无风险收益率＋风险收益率

无风险收益率一般是指投资国库券的收益率，它包括通货膨胀附加率和资金的时间价值。

四、风险收益的计算

由前面的论述可知，风险收益率取决于风险收益系数和离差率。离差率可以根据前面介绍的公式计算，而风险收益系数的确定，有以下几种方法。

（一）高低点法

根据以往同类项目投资收益率与离差率的历史资料，取其中最高与最低两点来确定风险收益系数，其计算公式如下

风险收益系数 =（最高收益率 − 最低收益率）/（最高离差率 − 最低离差率）

（二）回归分析法

风险收益系数可用以下直线回归方程求得

$Y=a+bX$

式中，Y 为投资收益率；a 为无风险收益率；b 为风险收益系数；X 为离差率。

（三）专家意见法

以上两种方法都必须在历史资料比较充分的情况下采用。如果缺乏历史资料，可由国家或企业组织有关专家，根据经验加以确定。实际上，风险收益系数的确定很大程度上取决于投资者对待风险的态度。如果投资者敢冒风险，风险收益系数就小；如果投资者不愿意冒风险，风险收益系数就大。

风险和收益的关系说明，风险越大，收益率就越高。对于含风险的投资方案的选择，应遵循的原则是，投资收益率越高越好，风险越低越好。具体说来有以下几种情况：①如果两个投资方案的预期收益率基本相同，应当选择离差率较低的那一个投资方案；②如果两个投资方案的离差率基本相同，应选择预期投资收益率较高的那一个投资方案；③如果甲方案的预期投资收益率高于乙方案，而其离差率低于乙方案，则应当选择甲方案；④如果甲方案的预期投资收益率高于乙方案，而其离差率也高于乙方案，这时方案的选择主要取决于风险收益系数，也就是投资者对待风险的态度，风险收益系数越高，说明投资者越回避风险，风险的小幅度增加需要有大幅度的收益率提高做补偿，即离差率增加，风险收益率也要增加。

第三章　企业内部控制的基本原理和要素

第一节　企业内部控制的基本原理

一、内部控制的产生与发展

（一）内部控制的产生

内部控制是内部强化管理和适应外部激烈竞争的需要而产生和发展的。内部控制的最初源头是内部牵制。现代内部控制思想产生于18世纪产业革命以后，是企业规模扩大和资本大众化的结果。18世纪末，美国铁路公司率先对客货运输业务采用内部稽核制度，由于效果显著，各大企业纷纷仿效。20世纪初，随着股份公司规模的扩大，所有权与经营权的进一步分离，为了查错纠弊的需要，在西方一些企业逐步出现了一些组织、调节、制约和监督生产经营活动的方法，出现了简单的内部控制制度。

20世纪30年代，世界性的经济大危机迫使许多企业普遍加强对生产经营活动的控制，企业内部牵制制度得到了进一步的发展，内部牵制的范围超越了会计及财务范围，延伸到了企业所有部门及整个业务活动。在内部控制内容日益丰富的同时，人们对内部控制的认识也得到了极大丰富：内部控制是由于组织本身及其管理部门的需要而存在的，是一切管理工作的基础；内部控制帮助管理部门尽可能地有条不紊地进行业务活动，保证组织目标得到合理实现；内部控制对于企业同样重要，且伴随企业规模的扩大，工作的复杂程度的提高而越来越有开展的必要。

内部控制实践的完善促进了内部控制理论的发展。1929年，美国注册会计师协会（AICPA）和美国联邦储备委员会（FRB）修订发布了《会计报表的验证》，这是最早涉及内部控制的专业文献。最早定义内部控制概念的则是1936年发布的《独立公共会计师对会计报表的审查》，该文献认为，内部控制是“为保护公司现金和其他资产的安全、检查账簿记录准确性而在公司内部采用的各种手段和方法”[①]。

近代内部控制不仅在美国得到了迅速发展，也被其他一些发达国家重视并迅速推广应用。英国注册会计师协会在1961年提出了完整的内部控制概念。加拿大、澳大利亚的一些学者对内部控制理论问题也进行了深入探讨。日本企业界则认为，随着企业破产逐渐成为社会问题，对企业内部管理方面的审查也应当严格起来，即使企业在经营效果上达到了考核标准，但从内部管理角度来看，需要彻底加以评价的方面也还有很多，应当将加强内部控制作为改善企业素质的重要措施。

我国在周朝曾出现“一毫财赋之出入，数人耳目之通焉”的记载。1990年后，我国开始在理论上广泛研究内部控制。同时，我国政府也加大内部控制建设的推动力度：1997年中国人民银行颁布《加强金融机构内部控制的指导原则》；1999年第九届全国人民代表大会常务委员会修订并通过了《中华人民共和国会计法》(简称《会计法》)，提出建立内部会计监督制度的要求；2001年中华人民共和国财政部颁布了一系列的会计控制规范；2002年中国人民银行发布《商业银行内部控制指引》；2002年中国证券监督管理委员会发布《证券投资基金管理公司内部控制指导意见》；2006年国务院国有资产监督管理委员会发布了《中央企业全面风险管理指引》；2010年中华人民共和国财政部等五部委又联合发布了《企业内部控制配套指引》(包括应用指引、评价指引和审计指引)；2010年中华人民共和国财政部发布了《企业内部控制规范讲解2010》；2012年中华人民共和国财政部发布了《行政事业单位内部控制规范（试行)》，国务院国有资产监督管理委员会发布了《关于加快构建中央企业内部控制体系有关事项的通知》；2015年中华人民共和国财政部颁发了《关于全面推进行政事业单位内部控制建设的指导意见》；2017年中华人民共和国财政部颁发《小企业内部控制规范（试行)》。

由上可知，内部控制制度是人类社会生产力发展到一定阶段的产物。随着社会生产力的不断发展、企业规模的不断扩大，企业一方面必须对生产经营活动进行科学的计划和组织，使人力、财力及物力得到合理配置和有效利用；另一方面必须加强对生产经营活动的控制和调节，明确企业内部各个部门的职责和权限，使企业生产经营活动有序地进行。为此，企业就需要建立能够保证实现上述管理目标的业务控制方法、措施和程序。

（二）内部控制的发展

内部控制是一个动态的发展过程，这一发展过程有多种归纳方法。本书采用

① 阎德玉．会计学原理[M]．武汉：湖北科学技术出版社，2021.

五个阶段分类法。

1. 内部牵制阶段

内部牵制早在古罗马时代即已经出现，当时对会计账簿实施“双人记账制”，在某一经济活动发生之后，两位负责记账的工作人员会在各自的财务账本上同时进行记录，并会定期对两人的财务记录进行核实，以确认是否存在记账错误或不正当行为，从而实现对财务收入和支出的有效控制。内部牵制的内容主要包括以下几个方面。

（1）体制牵制

它是通过对各种业务活动的精心组织规划及合理结构设计，严格根据其各自的作业环节来进行有效分类的。体制牵制会将工作委托给不同的部门或人员，实行分工负责，相互制约。例如，将会计与出纳人员相互分离进行制约等。

（2）簿记牵制

簿记牵制指在账簿组织方面，利用复式记账原理和账簿之间的钩稽关系，做到互相制约，如原始凭证与记账凭证之间的核对等。

（3）实物牵制

它是指两名或更多的工作人员对必需的实物工具进行共同管理，并通过共同操作来完成的特定程序，如同时由两名人员共同掌管保险柜钥匙等。

内部牵制的核心目标是查找错误和防止弊端，并且在查找错误过程中采用职务分离及账目核对的策略。可以说，内部牵制是在会计工作中防止舞弊而专门采用的一种制度，其特点是任何个人或部门不能够单独拥有一项业务的所有权力。一项或一部分业务必须经过至少两个人或两个部门来完成，在其间进行责任分工，就可以在很大程度上减少无意识地出现差错和有意识地营私舞弊行为的发生。

2. 内部会计控制与内部管理控制阶段

美国内部控制专门委员会于 1949 年发表了一篇专题报告《内部控制、协调系统诸要素及其对管理部门和注册会计师的重要性》，并且指出内部控制作为企业的组织计划和配套措施，核心目的是更好地维护资产安全、确保会计信息的可靠性及精准性，同时进一步促进和确保管理部门所拟定的各项政策得到认真贯彻和落实。

当时，这一说法被看作对“内部控制”这一核心观念的显著贡献，它把内部控制作为一种企业管理方法，重点强调和突出通过有效的组织管理机构、完善的规章制度及科学的管理手段，能够快速提升企业经营活动的效率，从而实现内部控制的目标，最终促进企业发展。然而，在这份报告中对内部控制的概述并不是特别详细，而是非常宽泛的。关于这一点，该委员会进一步将其分为两种不同的类别：其中一种是会计控制，另一种是管理控制。所谓会计控制，是指企业为了顺利实现其经营目标，专门制定的一系列相互联系、相互作用的方法和措施，同时由组织规划及相关程序、记录组成；管理控制是指对公司经营活动进行全面监督和检查的各种方法、措施，主要涵盖了组织计划、与管理部门授权办理经济业务的具体决策流程相关的程序与记录。这一划分方法称为内部控制的“制度二分法”。

3. 内部控制结构阶段

（1）控制环境

内部控制结构阶段的控制环境是指那些可能影响特定政策和流程效率的各种元素，它是内部控制制度设计中的重要组成部分，也是内部控制目标实现与否的决定因素。详细内容有管理者的思维方式及他们的经营风格，公司的组织构架，明确职责和义务的途径，等等。

（2）会计制度

会计制度明确了对各种经济活动进行鉴定、分析等的具体流程和方法，并对所有资产及负债的经营管理职责进行了详细划分与规定。会计组织体系是由各部门或单位所组成的有机整体，因此一个完善的会计制度应该促进和推动以下目标的实现：有序整理与科学划分经济业务，并以此为基础对财务报表进行合理编制；经过综合分析之后对经济业务的具体发生日期进行确定，确保在会计周期内进行准确记录。

（3）控制流程

控制流程实际上是设计流程并将流程组化，主要由管理层经过全方位调研之后制定。制定控制流程旨在达到设定的预期目标，是企业在生产经营管理过程当中严格根据生产经营任务及要求，对各种经济业务作出的具体规定或详细安排。其中包括经济活动及业务的审批权限；对经营管理中出现的问题作出正确判断并提出解决方法；清晰地划分每个员工的工作职责，从而尽可能防止将错误行为隐藏在正常业务当中的情况发生。

上述内部控制结构概念正式将内部控制环境纳入内部控制的范畴，同时不再区分会计控制和管理控制。

根据我国《独立审计具体准则第 9 号——内部控制与审计风险》的规定，内部控制包括控制环境、会计系统和控制流程三个方面。准则中将会计制度改为了会计系统。

4. 内部控制整体框架阶段

（1）控制环境

内部控制整体框架阶段控制环境主要是指企业内部的文化、价值、组织结构、管理理念和风格等，塑造企业文化并影响企业员工的控制意识，是其他内部控制组成要素的基础。控制环境要素包括：董事会或审计委员会，如董事会是否独立于管理层；组织结构，如信息是否到达合适的管理阶层；授予权力和明确责任的方式，如关键部门经理的职责是否有明确规定等。

（2）风险评估

风险评估就是对可能遭遇的风险进行分析及识别，同时及时采取与其相对应的有效措施，以便更好地管控。风险评估在现代企业管理中是十分重要的环节，不容忽视。风险评估可以划分为两种不同的类别，一个是风险识别，另一个是风险分析。其中，前者主要是及时检查一些内外部的风险影响因素，如宏观政策、员工素质等；后者则主要包括分析风险的大小程度、发生的可能性等。

（3）控制活动

它指的是企业在营运过程中为了充分确保目标得以实现与管理层指令的全面实施，对已经明确的风险和关键因素采取一定的控制措施，从而使企业风险降低的相关政策与程序，如调节、核准等。

控制活动主要包括以下六种：①业绩评价；②直接部门管理；③信息处理；④实体控制；⑤绩效指标的比较；⑥分工。其中分工即将责任划分，将不相容的职务分派给不同的员工，以降低错误或不当行为的发生风险。

（4）信息与沟通

信息与沟通是指为了确保企业的管理层和员工可以有效地履行各自的职责，部门和部门之间、员工与员工之间需要进行信息的相互交流和沟通。企业在营运中要想顺利实现组织目标，就需要对各种不同的信息进行有效的整合、利用和传递，同时也有责任对信息进行精准识别、捕捉、分享及交流。这些信息可以是外部信息也可是内部信息。

通常来说，信息包括确认全部有效业务的手段及文档记录；对业务进行详细的记录，这样可以方便地进行分类并提供财务报告；使用适当的货币价值来衡量业务。

沟通的目的是让企业员工明白他们的职责，同时确保财务报告得到妥善管理。沟通的核心内容是让企业员工明白自己在会计体系中的职责是怎样同其他工作人员建立联系的，并且让他们掌握向上级报告掌握例外情况的具体方法。其中，政策手段、备查簿等均属于有效沟通的方式。

（5）监控

内部控制整体框架阶段的监控实际上是由合适的工作人员对内部控制系统设计及运行状况进行科学、合理评估的一个具体过程。为了使企业的内部控制可以持续并有效地进行，可以将监督活动分为两部分，一个是持续监督，另一个是个别评估。

20世纪末，随着企业外部竞争的加剧和企业内部管理的强化，在公司治理活动的推动下，内部控制系统评价也由传统的审计人员检查单据、实施符合性测试程序为导向，转为在审计人员指引下，由管理部门和员工共同研讨，提出最佳改进措施的内部控制自我评估。内部控制自我评估体现了内部控制系统评价的崭新观念，是内部控制系统评价方法的新突破。

内部控制自我评估指企业管理层和员工在专题讨论中，共同对企业内部为实现目标、控制风险而进行的关于内部控制系统的有效性和恰当性的自我评估。国际内部审计师协会在1996年的研究报告中总结了内部控制自我评估的三个基本特征：关注业务过程和控制成效；由管理部门和职员共同进行；用结构化的方法开展自我评估。

内部控制自我评估的实施，使员工和内部审计、财务会计、人力资源等部门与管理层共同承担对内部控制评估的责任。他们定期或不定期地对内部控制体系进行检查评估，并提出改进意见，以保证内部控制能够随环境的变化而不断改进。这就使以往由内部审计对内部控制的有效性进行验证的行为发展到全新的阶段，即通过设计、规划和运行内部自我评估程序，由组织整体对管理控制，对治理负责。

5. 风险管理整合框架阶段

2004年9月，美国反虚假财务报告委员会下属的发起人委员会（简称COSO）发布了《企业风险管理——整合框架》这一研究成果。COSO在认识到有对企业风险进行管理的需要后，成立了专门委员会，发起了建立一个概念性的、适当的风险管理框架计划的活动，旨在为企业建立或评判风险管理过程的项目提供完整的原则、能用的术语和实务操作指南。

企业风险管理框架包括四类目标和八个要素。它们渗透于企业管理的整个过程之中，是企业目标实现的保证。四类目标分别是战略目标、经营目标、报告目标和合法性目标。八个要素分别为以下内容。

（1）内部环境

企业的内部环境作为企业全部风险管理要素的关键性基石，构成了影响其经营管理的各种要素。企业目标与战略的制定、风险识别等均受内部环境的直接影响。良好的企业内部环境，可以提升企业的核心竞争力，使其在市场中处于领先地位。企业的内部环境包括多个方面，如董事会监管、组织与引导员工的各种有效策略等。

（2）目标制定

企业风险管理的初始步骤就是目标制定。为了实现企业的持续发展，管理者有责任按照企业设定的具体任务，在企业的各个发展过程中设定更加详细的目标。风险管理成功地融合了企业的任务、目标及企业风险偏好。

（3）事项识别

由于企业目标的实现存在诸多不确定性，管理者应对影响企业发展战略、达成目标的潜在事件进行识别。具有潜在负面影响的事件代表了风险，要求管理层对其进行评价并做出反应。而具有潜在积极影响的事件可能抵消负面影响，代表了机会，管理者应将机会引入战略和目标设定过程。在识别这些潜在事项时应从整个企业层面加以思考，充分考虑影响企业的各种外部和内部因素。

（4）风险评估

管理者应从风险发生的可能性和影响两个方面对风险进行评估。风险发生的可能性是指某一特定事项发生的可能性，影响则是指事项的发生将会带来的影响。

（5）风险反应

管理者应该在完成详细的风险评估之后，基于企业营运的实际情况积极制订和构建多样化的风险反应方案。与此同时，在充分遵循风险容忍度及成本效益原则的重要基础上，既要对方案怎么样影响事件才能使其发生的可能性最低进行充分思考，又要充分思考事件对企业产生的一系列影响，同时针对可能出现的问题，设计出相应的风险反应方案，以便出现问题的时候能够及时采取应对措施。管理者要想实现更高效的管理，就应该选择一个合适的风险反应方案，使风险发生的可能性及影响均在风险容忍度的范围内。

（6）控制活动

控制活动指的是为了进一步确保管理团队的风险应对策略得以全面贯彻和认真实施，专门采取的特定政策及流程。控制活动与企业管理之间有密切的联系，控制活动存在于企业的所有部门、职能中，其中批准、授权等均属于控制活动的范畴。

（7）信息沟通

在企业管理中要想使企业中的各项职能作用得以有效地发挥，就需要按照特定的格式及时间间隔，对来自企业内外部的信息进行收集整理、验证及快速传递，以便在企业内部和外部实现有效的信息沟通和交流。并且通过各种形式的信息沟通，管理层能够及时发现企业在经营活动中存在的诸多问题，并提出合适的改进建议，从而实现预期目标。这些沟通活动包括企业内部从上到下、从下到上的纵向与横向沟通，以及与企业外部，如客户、供应商等的有效沟通和交流。

（8）监控

风险管理资金框架阶段的监控其实是一个具体的过程，通常用于对风险管理元素的具体内容、运行状态、某一特定时间内的执行质量进行公平、公正的评估。企业要想实施风险管理必须先构建一套有效的监控系统来实现风险控制，并且企业在构建过程中也应根据其具体情况，制定出一套完整、科学的风险管理体系。对于风险管理，企业有两种主要的监控手段，一个是持续监控，另一个是个别评估，这两种监控方式在企业风险管理中占据十分重要的位置，可以确保风险管理在内部的各个部门得到持续、有效地执行

二、内部控制的作用

英国著名历史学家阿诺德·汤因比说："一个国家乃至一个民族，其衰亡是从内部开始的，外部力量不过是其衰亡前的最后一击。"① 企业存亡何尝不是如此。企业经营失败、会计信息失真及不守法经营在很大程度上可以归结为企业内部控制的缺失或失效。

（一）保证国家方针政策与法规制度的贯彻执行

贯彻国家的方针政策与法规制度是企业的一项法定义务，而健全有效的内部控制制度则是保证这一任务圆满完成的重要手段。通过内部控制所形成的相互协调与相互制约机制能够及时地反映、检查、揭示和纠正经营管理中的违法违规行为，从而有效地保证国家的方针政策与法规制度在企业内部较好地贯彻执行。

（二）保证企业经营目标的顺利实现

一个完整的内部控制体系，可以对各个职能部门及工作人员进行合理的分工、有序的协调，同时还可以对他们进行实时监督、全面检查和考核。企业正常运营和发展的重要保障之一就是有效的内控制度，并且它也是确保企业资产安全、完整及提高经济效益的有力措施。企业除了可以通过内部控制对程序进行明确的规定之外，还可以通过内部控制把职能部门与执行管理部门的一系列方针政策、计

① 彭正辉．内部财务控制框架的构建与运行[M]．海口：海南出版社，2008.

划定额等，及时反馈给企业相关管理部门，从而使企业所有的生产经营活动能够高效有序地开展，使企业的经济效益得到进一步提升的同时，也使其达成设定的预期目标。

（三）保证财务会计信息的质量

财务会计的职责覆盖了企业生产和经营的各个环节。无论企业日常管理还是决策，均需要经过大量的数据分析，这些数据基本来自财务会计信息系统。财务会计信息系统为企业提供会计信息，并在此基础上对其进行科学分析，以帮助企业的管理者和决策者做出正确的经营管理决策。对于企业来说，准确且可信的财务会计信息数据，不仅是评估过去、管理现状和预测未来的关键，同时也为国家相关部门在科学、合理制定宏观经济策略提供了十分重要的参考依据。可见，企业不断加强财务会计管理工作，在某种程度上对快速提高会计信息质量具有十分重大的意义和作用。通过科学制定及全面实施适当的业务控制流程，对工作人员职责范围进行界定，同时积极构建一个相互制约与协作的完整机制，能够有效地对会计活动进行合理管控，从而减少出错的可能性，使企业财务会计信息质量得到充分保障。在我国市场经济不断发展和完善的过程中，内部控制已经成为现代企业管理不可或缺的重要组成环节，在保护资产安全完整，提高企业经济效益等多个方面发挥着积极的作用。通过上述内容，我们可以发现确保会计数据的准确性、正确性及精准性是企业内部控制的首要任务。

（四）保证财产物资的安全完整

内部控制体系通过实施严格的管理措施，能够构建内部相互制衡的完美关系，实现了对不相容职务的有效分离，如将执行者和记账人、授权人和执行人等分离。除此之外，内部定期盘点、核对等制度的完善，确保了财产的收取、支付、存储和使用受到严格的管理和控制，从而避免了很多问题的出现，如贪污舞弊、财产物资浪费等。

三、内部控制的分类

（一）按照控制内容分类

1. 人力资源控制

它主要是通过一系列的有效措施，如调动、解聘等，最大限度确保企业的人力资源数量同企业的经营管理要求保持一致，以快速实现企业设定的目标，并且对企业经济利益进行充分维护。

2．财务控制

财务控制，具体指科学、合理地控制企业的财务资源，同时对使用财务资源的状态进行有效把控。企业在管理过程中实施财务控制的核心宗旨是使企业的营利性、安全性及效率性得到保障。

3．会计控制

会计控制是科学管控企业的财务会计信息系统的具体形成过程，确保了数据信息的真实性与完整性。

4．生产控制

生产控制涉及企业合理管控产品的具体生产和制造环节，能够使生产部门更准时、高质、高效地生产出达标产品。同时，确保生产和制造过程中的配套性与均衡性是其核心目的。

5．营销控制

它指的是科学管控销售过程当中员工的诸多行为，以及对物流进行恰当管理的行为，其核心宗旨是为客户提供迫切需要的产品，从而在进一步将市场份额扩大的同时，获得更多的经济效益和营业利润。

6．审计控制

它主要指的是合理管控公司的所有财务收支，同时对企业其他的经营管理活动进行有效把控。其核心宗旨是审查被审计单位的财务收支、经营管理活动。审计控制除了具有合法性与合规性之外，还具有一定的效益性。

（二）按照控制时序分类

1．事前控制

事前控制指在企业生产经营活动开始之前进行的控制。事前控制的重点在于防止活动中所使用的资源出现浪费。例如，投入在一个活动中的人力资源需要从质和量上预先加以控制，质的方面要保证配置的人员符合活动中阐明的任务要求，能够胜任活动中的具体工作；量的方面则不能超出完成任务所需要的人员定额，避免人浮于事。我国公务员资格考试制度为根据国家机关管理工作的性质确定公务员所必备的素质之后，对从事这项工作的人员进行的一种事前控制。事前控制由于能够避免预期出现的问题，是企业最渴望采取的控制类型。采用事前控制的关键是要在实际问题发生之前就采取控制行动。要做到这一点，就需要有及时、准确的信息，这在实际活动中往往很难做到。在实际管理中，控制人员只能进行后两种类型的控制。

2. 事中控制

事中控制指发生在经营活动过程中的控制。事中控制的作用有两种。一是可以指导下属员工以正确的方法进行工作。事中控制可以使上级当面解释工作的要领和技巧，纠正下属员工的错误作业方法，从而提高下属员工的工作能力。二是可以保证计划与规则的执行。现场检查可以使管理者随时发现下属员工在活动中出现的与计划及规则要求相偏离的现象，从而将经营问题消灭在萌芽状态，或者降低已经产生的经营问题对企业的不利影响。在计划与规则实施过程中，大量的管理控制工作皆属这种类型。从这一方面看，事中控制是控制工作的基础。

3. 事后控制

事后控制指某一时期的生产经营活动结束以后，对该时期中生产经营活动的资源利用状况及结果进行的控制。事后控制是最常用的控制类型。这种控制的优点在于为控制者提供关于计划与规则执行效果的真实信息，主要缺点在于这种控制是在经营过程结束以后进行的，不论其分析如何中肯、结论如何正确，对于已经形成的经营结果毫无帮助。

在实际控制过程中，很少有孤立地使用某一种控制方法的情况，事前控制、事中控制及事后控制三种控制类型多被有机地结合在一起使用，互为补充。

（三）按照控制性质分类

按照控制性质分类，内部控制可以分为合法性控制与合理性控制。

1. 合法性控制

合法性控制指按照国家法律法规对经济活动进行的控制。例如，对于货币资金和结算业务，国家规定了以现金管理制度为主的结算制度，这就是对企业业务活动进行合法性控制的依据。

2. 合理性控制

合理性控制指按照经济有效要求对经济活动进行的控制。例如，有关部门设置的计划、比率等指标是对企业业务活动进行合理性控制的依据。

实践中人们常常从实际与计划的差异性角度来讨论控制问题，将控制当作保证企业计划与实际作业动态相适应的管理职能，这实际上是一种合理性控制。

企业内部控制制度涉及生产经营的各个环节和各个部门，各个环节和各个部门都可以根据自身的业务特点和工作范围，建立相应的内部控制制度。对内部控制制度不同分类的考察，有助于企业加深对内部控制制度的认识。

第二节 企业内部控制的要素

内部控制可以分为四个部分：企业治理控制、企业管理控制、信息系统和企业文化。这些部分相互作用并相互依赖，共同构成了一个综合的内部控制系统。

一、企业治理控制

（一）治理控制的内涵

公司治理通常被人们理解为法人治理结构，然而，这种理解是不完整的。公司治理还包括其他重要方面，如管理层的激励与约束机制、公司内部控制、信息披露等。这些因素对于公司的健康运作和长期发展同样至关重要。因此，对于公司治理的理解和应用要更加全面。

企业公司治理研究致力于剖析全球各国经济企业制度安排的问题。这种制度安排包括股东利益与控制关系，以及与其他利益相关方之间的利益分配、控制机制和组织方式等问题。企业治理控制机制不仅决定了风险和收益如何在各利益相关方之间分配，还决定了企业的所有权归属。合理的企业治理制度安排是企业绩效提高的关键因素。因此，研究企业治理控制机制对于促进企业良好治理及提升绩效至关重要。这种制度安排中相互影响、相互制约的机制称为“企业治理控制”。

从经济学的角度来看，公司治理涉及企业所有权安排。其关键问题是如何通过合理的契约安排，确保剩余索取权和控制权的合理分配，以提高企业组织的决策效率[①]。在现代企业理论中，企业所有权安排是企业剩余索取权和剩余控制权安排的一个更加简化的说法。这两项权利的安排是企业的核心问题，因为它们决定了企业的经营方式和利益分配。而企业治理则是这些权利安排的具体体现，是法律、文化和制度性安排的有机整合，这些安排决定了企业可以从事哪些活动，从事的活动所产生的风险和回报是如何分配的，由谁来控制这些活动，这种控制是如何进行的。企业所有权安排和公司治理是现代企业理论中的重要概念。这些理论旨在解释企业的行为和决策，以及如何影响企业和利益相关者之间的利益分配。通过了解这些理论，可以更好地理解企业的运作方式，以及如何在现代经济中做

① 徐静，姜永强．企业财务管理与内部控制体系构建[M]．长春：吉林出版集团股份有限公司，2018．

出有效的决策。企业所有权安排和公司治理不仅决定了企业的经营方式和利益分配，还对企业的发展和成长产生了重要的影响。良好的企业所有权安排和公司治理可以激励管理层更加努力地工作，提高企业的绩效和竞争力。同时，还可以降低企业的风险，提高企业的回报，使所有的利益相关者都能够从中受益。因此，对于现代企业来说，建立良好的企业所有权安排和公司治理机制是非常重要的，这需要企业所有者、管理层、董事会、监事会、员工及其他的利益相关者共同努力。只有制定出符合企业实际情况的制度和安排，才能确保企业的长期稳定发展。

（二）治理控制模式的比较研究

因时期、地域和文化的不同，治理控制可以被划分为七种不同的模式。

1. 传统的“股权至上”模式

传统的“股权至上”模式，将公司的利益与股东的利益捆绑在一起。这意味着公司的经营决策和资源分配都以实现股东财富最大化和股东权益最大化为首要目标。在这种模式下，企业管理者通常将股东利益置于首位，将股东权益的增长视为公司长期战略的驱动力，优先考虑追求高利润、扩大规模和提高股票回报率等策略，以满足股东的期望和利益。

在诸如英国和美国等国家，由于股权分散且总经理持股较少，企业治理主要依赖于高度透明和相对完善的立法与执法体制。此类国家拥有严格的法律和监管机构，具备调查和执法的能力。这些机构负责监督企业的运作，并追究违法和腐败行为的责任。由于执法机构的存在，高级经理人员面临着被追究法律责任的风险，从而减少了管理腐败行为的发生。同时，这些国家还拥有完善的法规和准则，要求企业以透明和全面公开的方式记录和披露所有交易。这包括财务报表、交易细节、薪酬政策等信息的披露。通过确保信息的公开，企业运作具有更高的透明度，股东和其他利益相关方能够更好地了解企业的运营状况和财务表现。完善会计和独立审计的要求确保了企业交易的准确性和合规性。独立审计师对企业的财务报表进行审查，并提供意见，保证其真实性和可靠性。这种具备独立性和专业性的审计过程增加了对潜在腐败行为的监督和检测机会。

2. 传统的“劳动控制型”模式

工联主义者和一些社会主义者坚信，当劳动者直接参与决策和管理企业时，能够更好地发挥他们的创造力，从而推动企业的发展和创新，并使企业获得最大效益。劳动者自主控制企业模式的核心思想是确保企业的所有成员都共同拥有企业的财产，并享有集体所有权。这意味着企业的资源与权力不仅仅集中在少数股东或管理层手中，而是分散到所有成员之间。每个成员都有权参与决策和分享企业的利益，而不仅仅是受雇于企业。工人组成管理委员会或自治委员会等组织，负责企业的决策工作。这些决策可能包括生产计划、投资决策、员工薪酬和福利等。工人自治企业制度中，管理委员会可以聘任经理人员负责企业的日常经营管理工作。这些经理人员需接受工人集体的监督和指导，确保他们的行为符合工人集体的利益。如果工人选择退出企业，他们必须交出自己所持有的企业权益。这样的规定旨在确保企业的团结和稳定，并防止工人通过出售权益谋取私利。

3. 欧洲的“共同决定”模式

工人参与决策是共同决定模式的核心。在该模式下，全体工人通过选举产生若干代表，他们被授权合法地进入公司的决策机构，如董事会和监事会等。这些工人代表与公司所有者代表一起，共同参与并决定公司发展的重大事项。这种共同决定模式为工人提供了平等的参与机会，使他们能够在企业治理中发挥作用。工人无须拥有实物资产，可以直接参与企业决策。工人的观点和意见可以通过选举产生的代表或委员会来表达。这种模式确保了工人的声音被听取和重视，使他们能够直接参与影响公司发展的决策活动。

4. 日本的“经理协调”模式

日本企业的特征和体制结构形成了一种独特的合作博弈模式，可以称之为“经理协调”模式。这个模式包括企业间的相互持股制度、年功序列制度和终身雇佣制度。在这个模式下，经理人员充当裁判这个角色，既要平衡资方的利益，也要保护雇员的权益。日本企业的所有权相对集中，由交叉持股的公司组成财团。这种持股制度在一定程度上降低了机会主义和回扣策略的风险。大股东的参与和高级经理人员的终身雇佣制度进一步强化了对经营行为的监督和惩罚机制。由于相互持股，每个企业都对其他企业的决策产生影响，而这种影响是通过企业的经理人员来实现的。经理人员在调节资方和雇员之间的利益冲突上发挥着重要的作用，因此，经理人员形成了一个相对独立的权力圈子。日本企业可以看作是一个具有相互依存关系的合作博弈结构，其中经理人员充当裁判角色，平衡和调和各方的利益，以实现雇员利益与企业长期发展的一体化。这种模式在日本企业管理中起到了关键的作用，使得企业能够保持稳定和可持续的发展。

5. “社会责任”模式

20 世纪 30 年代美国经济大危机之后社会责任模式开始崭露头角。这一模式的出现意味着需要对公司的治理和控制机制进行根本性的改变。初始阶段，政府采取了一系列规章制度来促进这一变革。在这种模式中，受到影响的利益相关方呼吁企业在经营过程中积极承担社会责任，并对此提出了明确的法律要求。政府则扮演着监管和引导的角色，通过立法和制定规章来规范企业的行为。在社会责任模式下，受影响的利益相关方可采取多种方式来对企业施加压力。一方面，他们可以利用法律手段和组建社团组织等途径直接向公司施加压力。通过提起诉讼、争取法律保护或发起抗议行动，利益相关方可以迫使企业承担更多的社会责任。另一方面，利益相关方也通过对政府施加压力的方式来推动企业行为的规范。他们可能通过游说政府、呼吁政策改革或参与公众咨询等方式要求政府直接干预并规范企业的行为。政府在社会责任模式中扮演着重要的角色，可以通过制定法规和政策来规范企业行为，也可以直接介入企业的运营。在极端情况下，政府甚至可能直接管理企业。在这种情况下，政府拥有企业的所有权和控制权，以确保企业按照社会的利益需求进行经营。

6.“利益相关者”模式

在现代企业中，各种利益相关者（如股东、债权人、雇员、消费者和供应商等）对公司的发展和绩效提高都发挥着重要作用。因此，公司的责任不仅要服务于股东，还要服务所有利益相关者，并满足他们的合理需求。在利益相关者模式中，股东仅仅是企业利益相关者的一部分。虽然股东在公司治理中扮演着重要角色，但并不是唯一的决策者，也不能将其利益置于其他利益相关者之上。

利益相关者通过直接介入公司决策机构和政府立法等方式对公司治理产生影响，这有助于建立有效的公司治理机制，维护利益相关者的权益，并促进公司的长期发展。为确保自身权益得到保障，一些利益相关者会直接参与公司的战略决策。这些利益相关者可能包括股东、雇员组织、消费者组织、供应商、环境保护组织等。这些利益相关者通过在公司的董事会、董事会委员会等决策机构中拥有席位或代表来发挥影响力，参与公司策略的制定过程，并通过这种直接介入的方式，对公司发展提出意见、表达关切，同时确保自身利益得到充分考虑。另外，政府通过立法和规定竞争秩序的方式间接规范公司的运作。政府的法律和政策对于公司的经营环境和行为规范起着重要作用。通过制定相关法规和政策，政府可以促进公平竞争、维护市场秩序，为公司的良好运转创造一个有利的条件。政府的监管和监察职能的落实也能保证公司遵守法律规定，维护社会公共利益。

在知识经济时代的大背景下，人力资本的重要性和地位得到广泛认可。这一新的经济环境给企业带来了治理方面的问题，需要利益相关者共同参与解决。利益相关者治理模式已经引起了人们的广泛关注。这种治理模式强调公司应认可并尊重所有利益相关者的合法权益，并将他们的利益与公司长期发展紧密相连。这种模式试图通过平衡和协调各方利益，建立和谐的利益相关者关系，从而实现共赢。

7. “利益无关者”模式

为提高决策效率和避免利益冲突，很多公司会增加外部独立董事的比例。这种做法被称为“利益无关者”模式，其中完全独立的董事从企业经营管理本身和社会利益的角度出发，参与决策，不代表任何特定利益方。这一模式在美国的董事会构成中使用较多，独立董事的比例越来越大。有些公司的董事会除了首席执行官以外，几乎全部由独立董事组成。这种做法有助于提高决策效率，避免决策过程中各利益相关者的利益冲突，降低了协调成本。外部独立董事通常拥有丰富的行业经验和管理知识，可以为公司提供中立的、专业的观点和建议。他们在决策时能够更加客观地考虑公司的整体利益和社会责任，以促进公司的可持续发展。此外，独立董事可以作为一个独立的审查机构，监督和评估公司的治理实践，增强企业透明度和合规性。

外部独立董事模式可以是一个有效的治理工具，但并非适用于所有企业。因此，在确定董事会的构成和治理方式时，企业应根据自身情况综合考虑各种因素，进而创建一个全面、多元化且包容各方利益关系的董事会，更好地反映公司的整体利益和目标，提高决策的质量与效率。

通过上述的比较，可以得出以下结论。

公司的治理控制模式受到所在国家与地区的文化、法律体系、政治经济制度、社会价值观等因素的影响。因此，没有一种单一和绝对有效的治理控制模式，治理控制需要根据实际情况进行不断调整、完善。

从宏观的角度来看，治理控制模式的效率分布是无差异的，这意味着不存在一个单一的最有效的模式。相反，有多种不同的治理控制模式的综合治理控制模式可以在适当的情况下产生较好的结果，这种多元化反映了企业治理和控制的复杂性。然而，从微观的角度来看，治理控制是动态变化的。每个企业都有自己独特的资源配置方式和经营环境，需要根据企业的特定条件来选择与之相适应的治理控制模式，这意味着不同的企业可能会采用不同的治理控制模式，并根据需要进行调整和改进。因此，企业的治理控制模式选择需要综合考虑宏观和微观因素。宏观上，企业可以借鉴不同的治理控制模式，并考虑其对企业业务和利益相关者的适应性。微观上，企业则需要根据企业的资源配置、核心竞争力和发展目标来选择和制定特定的治理控制模式。

（三）治理控制的构成要素

1. 股东大会

在法律角度上，股东大会是公司最高权力机构，股东可以通过股东大会行使对公司的控制权。在股东大会上，股东可以行使其在公司中的权力并参与公司决策的过程。股东大会是为了促进公司的民主治理和保护股东权益而设立的，它是一个讨论重要事项、作出决策并表达股东意见的平台。在股东大会上，股东有权利提出问题、发表意见，以及投票表决。股东可以对公司的关键事项进行决策，如选举董事会成员、审议财务报告、审批重大交易等。虽然股东可以通过股东大会行使对公司控制权，但是由于各种原因，实际情况往往不是如此。股东往往面临成本、信息不对称、投资目的和经营专业化等障碍，导致其难以有效行使对公司的控制权。尽管如此，股东还是要关注和参与公司的重要决策，积极参与公司的治理，如向董事会提出关键问题，并在股东大会上行使投票权等，通过适当的方式发挥主导作用。股东通过股东大会对公司的治理和决策进行监督和控制。

美国教师退休基金会（以下简称 TIAA－CREF）是于 1918 年成立的非营利性金融机构，最初是为美国的教育工作者提供退休金和保险服务，如今服务领域有所扩展，为公立、私立、非营利组织及独立承包人提供养老金和其他金融服务。TIAA－CREF 的公司治理评估行动计划核心目标是对公司管理控制、治理结构及各类评估过程进行全面评审，从而实现对公司的有效管控。TIAA－CREF 的评估计划通过审查和评价企业的管理控制机制（董事会结构、独立性、经营监督和风险管理等方面）对公司的治理情况进行评估。这有助于判断公司管理是否有效，是否能够保护投资者权益并使其实现长期价值。评估计划包括一系列评估过程，分为定性评估和定量评估。定性评估考虑公司的治理结构、董事会的组成和职责、高管激励和薪酬等因素，综合评估公司治理状况。定量评估则基于财务指标和业绩数据来评估公司的治理状况。与传统的商务策略评估不同，TIAA－CREF 的评估计划专注于公司的治理控制，更关注公司管理结构、决策过程、投资者权益保护等与公司治理直接相关的因素。TIAA－CREF 强调每位董事在董事会中都代表所有股东的利益，而不是某一主要投资者或客户的利益。这体现了对所有股东权益和利益的平衡，进而确保公司治理的公正性和透明度。通过这样的评估计划，TIAA－CREF 致力于推动美国公司的治理控制发展，以实现对企业的控制。

2. 董事会

董事会由公司的董事成员组成，董事成员通常由股东选举产生。董事会的规模可以根据公司的规模和需求不同而有所不同，有些公司拥有小型董事会，而一些大型企业则拥有更大的董事会。董事通常具有各种背景和专业知识，以确保在制定决策时能够提供多样化的建议。信息不对称、股东不参与企业管理经营及股权高度分散等问题可能导致股东对企业的控制力和影响力减弱，而董事会则成为企业治理控制的核心。信息不对称是指企业内部信息和外部投资者之间的信息存在差异。董事会作为企业治理的核心结构，可以通过其职责和权限来获取、分析和处理重要信息，确保决策的合理性。这有助于解决信息不对称问题，保护股东的权益。当股权高度分散时，单一股东很难获得足够的股权来对企业的决策产生重大影响，这可能导致股东在企业管理中参与分散，无法有效行使控制权。同时，让大多数的股东直接参与企业管理可能会让决策活动变得十分复杂，且耗费时间和资源。管理企业需要专业的知识和经验，股东个人直接参与可能并不能给企业带来经济效益。因此，股东通常通过董事会来间接参与管理、监督和决策。

董事会负责研究和制订企业的战略发展计划，因此，董事会将密切关注市场趋势、竞争环境和行业前景，以制定合适的战略来引领企业发展。董事会应当充分发挥监控作用，特别是对于有重大影响的生产经营业务。董事会要审查和评估重要决策，确保企业的生产经营活动能够有效运作，获得更高收益，且风险最小。董事会要确保企业的财务绩效和稳定发展，要关注企业的财务报表，审查和批准重要的财务决策，对企业的财务执行状况和前景进行持续监督，并确保企业遵守相关的财务法规和规范。董事会要审慎评估企业管理决策和业务行为，确保企业在经营过程中承担社会责任，符合可持续发展的原则。

3. 监事会

监事会是公司治理结构中的一个重要组成部分，是由一群独立的监事组成的机构，负责监督和监管公司的经营活动，以保护股东利益和促进公司的健康发展。

监事会在不同国家和地区的企业公司治理中扮演着不同的角色并承担不同的责任。在美国，监事会是董事会下的一个委员会，通常由独立的外部董事组成。1978 年 6 月底，美国纽约股票交易所引领了一项重要的改革，要求在该交易所注册上市的企业必须成立由外部董事组成的监事会。这项规定于同年 7 月 1 日生效后，其他美国股票交易所纷纷效仿。

在德国的企业公司治理中，监事会和董事会是两个独立的机构，根据德国的《股份公司法》，股份有限公司必须同时设立监事会和董事会。这种分权的安排旨在确保权力的平衡和有效监督权利的使用。在权力分配方面，董事会行使经营权，负责推动公司的日常经营和决策；监事会拥有决策权和监督权，负责监督公司的经营活动。德国监事会的职责主要集中于以下几个方面。①审查企业文件与财务：监事会负责审查和监督公司的文件和财务记录，确保其合法、完整和准确。②保证财务报告的真实可靠性：监事会负责审查和核准公司的财务报表，以确保其真实准确、合规可靠。③选择和审批外部审计员：监事会负责选择并审批外部审计员，确保审计工作独立、专业和准确。④监督企业内部控制：监事会监督和评估公司的内部控制系统，确保风险管理和内部控制的有效性。

监事会的职责和权力在不同国家的法律和制度安排中可能有所差异。不同的法规和监管要求也会对监事会的角色和职能产生影响。总体而言，监事会作为公司治理结构中的一个重要组成部分，旨在提供独立的监督和审查，以保护利益相关方的权益，并促进公司的良好运营。

4. 高级管理层

高级管理层是指在企业组织中居于高级管理职位的一群人，他们担任着对企业进行决策、规划和管理的重要职务。高级管理层通常包括公司的首席执行官、首席财务官、首席运营官等高级职位，还包括其他高级经理和部门负责人。高级管理层的目标是推动营利的增长、提高利润和增加市场份额，实现企业的使命和愿景。他们通过制定和执行有效的管理策略，指导和激励员工工作，应对市场变化和竞争压力，确保企业在竞争激烈的商业环境中保持竞争力。高级管理层在企业内部控制系统中起着关键作用，作为内外连接的枢纽，对接董事会和企业运营。《中华人民共和国公司法》规定了高级管理层的职责，包括组织实施董事会决议、制定管理制度、招聘管理人员等。在规范的公司中，首席执行官的职责更为丰富，包括营造企业文化、推动企业长远发展、确保运营目标实现、管理团队、制定政策、担任代言人等。高级管理层的职责是多元的，需要承担企业的道德、战略、运营和领导职能，以实现公司的长期发展。

（四）企业治理控制的体系

股东会、董事会、高级管理层和监事会构成企业治理控制体系，董事会负责公司长期发展和股东信托责任。TIAA-CREF 提出加强董事责任感的原则，如定期评估董事会及个人表现、定期举行执行会议等。为了确保董事和董事会的独立性、高效性及实现其有效治理，可以从以下几方面进行改进：设立适当的董事报酬水平和形式；引入独立的董事会领袖角色，负责执行关键的独立董事职能；参与制定董事会议程；确立透明的独立选拔和报酬机制；建立评估程序，评估首席执行官和董事会的业绩；设立独立的治理委员会，负责监督董事会设立业绩目标；组织独立董事的执行会议。

因此，有效的公司治理基础包括四个主要方面：设计适当的董事报酬和制定董事报酬发放形式，评估董事会的绩效，选拔有实绩和贡献能力的董事会成员，评估首席执行官的业绩。通过这些措施，可以确保首席执行官的绩效、董事会成员的能力和贡献度得到衡量，董事会自身的表现得到评估，同时确保董事会主席和成员的业绩得到认可。

1. 人员选择及规模

在构建董事会时，确保其具备多样性的职业背景和个人背景是非常重要的。这种多样性不仅有助于提高董事会的决策质量和效率，还可以增强其应对复杂业务环境和挑战的能力。为此，许多公司的董事会职业背景通常会涉及市场、管理、制造、研发、财务等不同领域。这些专业背景的多样性使得董事会能够从多个角度对公司的战略方向和业务决策进行深入分析和评估。同时，董事会的成员还应具备不同的个人背景，如技能专长、职业经历、教育等，以便在讨论和决策过程中能够提供更全面的信息和观点。职业背景的多样性可以帮助董事会更好地理解公司的业务需求和公司所在市场的发展趋势，从而做出更明智的决定。例如，拥有制造背景的董事可以更好地理解公司的生产流程和供应链管理，从而在制定战略时考虑到这些因素。同时，管理背景的董事可以提供有关公司组织结构和运营模式的专业见解。个人背景的多样性也可以为董事会带来独特的视角和思考方式。例如，具有不同教育背景的董事可以提供不同的思维方式和专业知识，从而丰富董事会的讨论内容。同时，拥有不同职业经历的董事可以为公司带来更多的行业经验和人际关系网络，从而为公司提供更多的商业机会和发展空间。因此，董事会的职业背景和个人背景的多样性是构建一个高效、有远见的董事会的关键因素之一。这种多样性有助于提高董事会的决策质量和效率，增强其应对复杂业务环境和挑战的能力，从而为公司创造更多发展机会，提高公司的商业价值。选拔董事通常要考虑的因素如下。

（1）保持董事会的独立性

独立性可以确保董事会在决策过程中不受内部管理层或外部利益相关者的干扰，因此保持董事会的独立性对于确保董事会有效执行其使命和职责来说至关重要。同时，保持董事会的独立性也能够确保管理层对股东负责，因为独立董事可以更公正地评估公司的表现和战略，并监督管理层的决策。为了实现这一目标，董事会应该要求独立董事占据多数席位，以使其在决策过程中发挥更大的作用。

（2）董事会的核心能力

为了充分执行董事会的复杂任务，董事会需要具备一系列核心能力，包括对市场趋势、竞争环境和战略机会有准确的判断能力；具备协调、沟通和影响他人的能力，能够带领董事会和公司朝着共同目标前进；了解并熟悉公司所在行业的动态、法规和趋势，为公司的发展提供专业指导；理解和分析财务报表，确保财务透明度和合规性；能够有效管理公司的资源、运营和人力，推动业务增长并创造价值；在危机和挑战面前冷静应对，有效地解决问题并采取适当的措施；对国际市场有深入了解，具备洽谈跨境业务的能力；具有洞察力和前瞻性，能够制定战略方向和未来发展规划等。

（3）董事的个人特征

董事个人应具备多方面的特质和技能，以确保能够为公司做出合理的决策。董事应该具备高尚的道德品质和责任心，能够以诚信和公正的态度履行职责。董事应该具备丰富的知识和经验，以便在复杂的情况下做出准确的判断和决策。此外，董事还应该了解公司的财务状况，具备相关的财务知识，并合理评价公司的财务状况。另外，董事应该树立自信心，给自己制定高标准的业绩要求，以便能高效率的领导和管理公司。最后，董事应该关注公司的长期利益和可持续发展，并制定和执行有利于公司长期发展的战略。

（4）董事会的规模

董事会平均拥有 10 个董事，这个数字可能会因不同的公司而有所差异。董事会的规模也可能受到其他因素的影响，如公司的治理结构、行业特点及公司的战略目标等。一般而言，董事会的规模会随着公司规模的扩大而扩大。

2. 权责分配

设置各种类型的委员会是企业治理控制的重要实现形式，有助于充分发挥董事会的职责。在企业治理中，通常会设立审计委员会、报酬委员会和提名委员会。审计委员会主要承担公司治理职责，几乎在所有企业中都有设立，包括董事会评估等方面。此外，董事会中拥有专门负责广泛治理的委员会，其主要职责是考察企业薪酬、规模、组成和运作等方面，该委员会比例增速迅猛，并且大多数治理委员会兼具提名委员会的职责。相对而言，设立提名委员会的企业较少，提名委员会的职责包括提出董事候选人、指定高管和董事职位的候选人、确定候补董事等。报酬委员会在企业治理控制中相对独立，在大部分美国企业中都有设立，其主要职责是制定管理层的薪酬政策、提出薪酬标准，并管理股票期权、退休金等额外薪酬。

3. 薪酬设计

在企业治理控制中，确定董事的报酬是极其重要的。董事作为公司的重要决策者和领导者，其报酬水平的高低直接影响到其工作的积极性和效率。因此，制定合理的董事报酬制度，是企业治理控制中不可或缺的一部分。近年来，董事报酬的形式出现了一些变化。董事所获得的非现金报酬的增长更为迅速，股票部分的增长最为突出。这包括授予董事股票期权和限制性股票等形式，旨在激励董事更多考虑公司的长期利益。另外，非现金报酬已逐渐采用执行官报酬的形式，这使得报酬的复杂性有所增加。现金报酬已从固定的年度聘用费转变为出席费。这意味着董事的现金报酬与其履行职责的实际工作量相关，按照董事参加董事会和委员会会议的次数进行支付。短短几年，标准普尔 500 指数的公司董事股票收益增长 65%，年均认股权报酬增长 69%，底薪仅增长 10%。80% 公司采用股票或股权支付董事报酬，有些则取消了董事会议费和底薪。

企业大多采用综合薪酬形式来计算高级管理层薪酬，综合薪酬是指将基本薪酬、奖金、福利等综合起来，反映高级管理层的整体薪酬水平的薪酬。这种薪酬形式有助于企业更好地吸引和留住高级管理人才，同时也能更好地反映其价值和贡献。在综合薪酬中，基本薪酬是高级管理层最稳定的收入来源，通常根据市场情况和职位职责来确定。奖金则是根据绩效和公司业绩来确定，可以激励高级管理层更好地完成工作目标。福利则包括医疗保险、养老金、带薪休假等，可以帮助高级管理层更好地平衡工作和生活。除了这些传统的薪酬元素，现代企业还会考虑一些其他的激励措施，如股权激励、奖金期权等。这些措施有助于更好地激励高级管理层关注公司的长期发展。

（五）企业治理控制的一般逻辑

建立一套有效的治理控制制度是确保企业治理的健康运作的基础。这些制度能够确保权力合理分配、责任明确、协调高效，并能灵活适应市场变化，以推动企业的稳定发展。

治理控制的基本逻辑是通过一系列机构和流程来实现对高级管理层的审计、评价、报酬和提名的控制。审计委员会作为独立的监督机构，依靠内部审计部门的专业意见和调查报告，对高层管理层的决策和执行进行审计，确保其合规性和效能。然后，审计委员会将评价结果传递给报酬委员会和提名委员会，以便这两个委员会在报酬和提名决策中考虑高级管理层的表现和评价。评价结果是报酬委员会和提名委员会做出关键决策的基础，这两个委员会将根据这些评价结果来制定和调整高级管理层的报酬和提名，以实现对高层管理层的更严格控制和监督。此外，在董事会成员的选拔过程中，股东大会发挥着重要作用。股东大会通过评价企业绩效、与高级管理层沟通等方式，参与权责分配和业绩评价过程，以确保董事会的有效治理。

二、企业管理控制

（一）管理控制的内涵

管理控制是企业为了确保各部门之间协调合作、有效沟通，并以持续经营为基础达成预期目标而采取的一系列管理手段和控制方法。管理控制帮助管理者协调各部门的工作，推动企业整体协同和良好运作。

控制过程通常被称为控制循环，是管理控制的核心概念之一。具体来说，控制循环有三个步骤。首先，对实际绩效进行客观、准确的记录，这可以利用关键绩效指标或其他评估工具来进行。其次，将实际绩效与既定的标准或目标进行对比。这有助于识别控制偏差或差距，并为进一步行动提供依据。最后，根据对比结果，采取相应的管理行动，纠正任何偏差或不适当的标准，并调整组织活动使其保持在预定轨道上。这个控制循环是一个持续的过程，通过不断地测量、比较和调整，组织能够拥有持续改进和适应变化的能力，确保达成预期目标并保证业务持续稳健的发展。

当根据权责层次进行划分时，管理可以被划分为高、中、底层管理。这种划分通常是根据管理者在企业中的职位层级和责任范围来确定的。高层管理即顶级管理或高级管理，包括企业的最高层领导，如董事会成员、首席执行官或总裁等。高效管理主要负责制定企业的长期战略和目标，并为整个组织的方向和决策的制定提供指导。高层管理者关注整个企业的景观和战略定位，与外部利益相关方进行沟通，同时也负责监督中层和底层管理层的运营。中层管理是处于高层管理和底层管理之间的一层，包括各个部门经理、分管副总等。中层管理主要负责落实高层制定的战略和目标，具体规划并组织实施相关部门的工作计划和流程。中层管理者在高层管理者的指导下，负责部门的运营管理、人员管理和资源分配等，同时也是底层管理者和高层管理者之间的桥梁和沟通纽带。底层管理通常指一线管理或操作管理，包括直接从事生产、服务或运营工作的管理者，如班组长、项目经理等。在具体工作场景中，底层管理负责具体执行中层管理制订的计划、监督团队的工作进展和质量，处理日常运营中的问题和挑战。底层管理者在工作的过程中，需与团队成员密切合作，并及时向中层管理层汇报情况。

根据常见的管理理论和实践，企业的管理控制可以从作业活动控制、战术活动控制和战略计划控制三个层次入手。作业活动控制是在组织内部对日常活动进行严密控制和管理，确保资源的申领和消耗符合规范要求。底层管理者在作业活动控制中扮演着关键角色，需要识别、收集、注册登记和分析引起资源需求和消耗的业务过程。通过细致的监督和精确的数据分析，确保组织能够有效地利用资源，达到高效和优质的工作结果。这个控制层面注重细节和实际操作，为战略和战术层面的决策奠定了基础。中层管理人员肩负着企业战术活动控制的重任，他们在日常运营中发挥关键作用，以确保企业的战略目标能够得以实现，并在资源利用上做到最好。战略计划控制是一项战略性的管理活动，涉及对企业的整体运作进行审视和控制。在这一过程中，管理人员根据企业的长远目标，确定如何最优化资源配置效率，以实现预期的目标。预测未来的趋势和对趋势进行分析是做出决策的重要依据，这些数据能够使管理者识别机会和挑战，优化资源分配工作，确保企业的可持续发展。通过制订战略计划和完善相应的控制机制，管理人员能够灵活应对市场变化，推动组织在竞争激烈的市场中取得优势。

管理控制可分为前馈控制、同期控制和反馈控制。前馈控制发生在业务开始之前，旨在通过事先规划和预防性措施来确保业务的顺利进行。同期控制则发生在业务进行过程中，以监测和调整业务活动，确保其符合预期目标。反馈控制则在业务结束后进行，通过分析结果和反馈信息，对业务执行过程进行评估，并制订未来改进计划。

（二）企业管理控制体系的改进

在知识经济时代，企业构建有效的管理控制需要采取如下措施。

1. 业务流程重组

在很长一段时间里，分工理论在企业经营管理中扮演着重要的角色。英国经济学家亚当·斯密曾经指出："劳动生产力最大的增进，以及运用劳动时所表现的更大的熟练、技巧和判断力，似乎都是分工的结果。"①

尽管通过分工理论的实践，企业生产效率有所提高，但企业的可持续发展受到了限制。分工导致业务流程被细分为多个片段，增加了业务部门间的沟通和交流成本。科层制成为企业组织的主要形式，限制了员工的积极性、主动性和创造

① 斯密．国民财富的性质和原因的研究（节选本）[M]．郭大力，王亚南，译．北京：商务印书馆，2002.

性。特别是在知识经济时代，这个问题更为突出。因此，企业需要打破分工理论的束缚，确立以流程为导向的思维方式，重新构建高效的业务流程。

企业在业务流程再造方面可以从三个层面进行改进。第一，职能内部的流程重组，通过消除中间管理层，让每个流程从头到尾只有一个管理机构，减少重叠和重复工作，提高效率。第二，进行跨职能部门的业务流程整合，将不同职能部门间的业务流程重组，形成一个协同工作的整体，以充分发挥集体工作的优势，提高生产效率。第三，开展企业间的业务流程重组，在实施企业并购或合作时，对业务进行全面整合，以促进一体化发展。

在业务流程重组中，企业应关注三个关键点：顾客、员工和效率。传统的分工理论思想核心在于将工作细化为具体的任务，并强调每个任务的完成质量。然而，这种做法往往会忽视“满足顾客的需求”这一目标。通过业务流程重组，整个流程得以重新审视和调整，从而揭示出流程中隐藏的问题和瓶颈。业务流程重组注重的是流程的整体性和流畅性，而不仅仅是单个任务的完成情况。这种重组带来的直接好处就是使每位负责流程的人员更加清醒地认识到，流程的最终目标是向顾客提供更好的服务。企业流程重组是一项重大变革，它直接影响到企业组织结构的演变。传统的金字塔形结构逐渐被扁平化结构所取代，新模式注重组织的灵活性和适应性。在这种重组后的结构中，流程小组扮演着核心角色，每个小组的成员需要具备敬业精神，拥有丰富全面的知识。这种客观要求推动着员工的持续学习，激励他们迎接挑战，实现更高的目标。企业追求的最终目标是效益和效率的提升，这也是进行业务流程重组的核心动力。通过重组业务流程，企业能够优化生产过程，提高生产效率和效益。扁平化结构与流程小组的结合，使得企业能够更加迅速、灵活地应对市场变化和客户需求。这种敏捷的运营模式有助于增强企业的整体竞争力，实现可持续发展。

2. 建立 ERP 系统，全面管理和控制各种资源

资源管理系统经历了不同的发展阶段，每个阶段都带来了更高效、全面的资源管理能力，使企业能够更好地适应竞争激烈的市场环境和满足客户需求。这些阶段的发展代表了资源管理系统在不同层次上的演进。

物料需求计划（Materials Requirements Planning，简称 MRP）：主要用于订货管理和库存控制，根据销售订单和生产计划，计算和跟踪所需的物料和零部件，帮助企业简称控制库存，并提供准确的物料采购和生产计划。

闭环物料需求计划（Closed Loop Planning，简称 MRP）：在 MRP 的基础上进一步发展，将财务子系统和生产子系统结合为一体，引入计划—执行—反馈

的管理逻辑。闭环 MRP 系统通过实时跟踪生产活动和资源使用情况，反馈到计划阶段，给物料需求计划和生产调度提供更准确的数据。

制造资源计划（Manufacturing Resources Planning，简称 MRP II）：将销售、工程技术、成本、财务等方面的管理环节与闭环 MRP 整合为一个系统。MRP II 系统不仅涵盖了物料需求计划，还包括更广泛的企业资源管理，如财务管理、人力资源管理等，管理整个企业的制造过程和资源。

企业资源计划（Enterprise Resources Planning，简称 ERP）：以企业内部供应链为基础的管理思想，将供应商的制造资源和企业内部的制造活动及客户需求整合在一起。ERP 系统强调整合和协同，通过统一的数据平台和流程，实现各部门、各功能之间的协同工作。

ERP 是一种集成了多种管理理念和计算机技术的综合管理系统，利用信息科学的最新成果，帮助企业全面规划、统筹安排和控制其各项资源。ERP 的目标是实现资源的充分利用，增强企业的竞争力，满足顾客需求，降低成本，并提高生产效率。ERP 系统将先进的管理理念融入软件系统中，以供应链为基础，将企业内部划分为多个协同作业的子系统。这些子系统可以有效地管理企业内部供应链上的各个环节，并强调对资金流和信息流的控制，实现对整个价值链的管理。通过 ERP 系统，企业能够更好地管理资源、流程和信息。ERP 系统可以帮助企业实现业务流程的自动化，提高工作的效率和准确性，同时也可以帮助企业更好地管理和规划其资源。此外，ERP 系统还可以帮助企业更好地满足客户需求和市场变化，提高企业的竞争力和市场占有率。

ERP 是一种借鉴了先进的管理思想和方法的新型管理模式，通过对原企业旧的管理模式进行改造，实现对整个供应链的有效管理。其核心思想是通过有效管理整个供应链资源，来实现企业的高效运作和优化业务流程。而实现这种管理模式的方法，主要涉及以下三个方面的内容。

(1) 对整个供应链资源进行管理

ERP 实现了对企业整个供应链资源的管理。它不仅关注企业内部的各个环节，还关注与供应商、分销商和客户之间的关系。通过集成各个环节的信息，ERP 可以提供准确、实时的数据，帮助企业进行综合决策和资源调配。

(2) 精益生产、同步工程和敏捷制造

在混合型生产方式下，ERP 系统能够支持并管理企业的供应链，其管理思想主要表现在以下两个方面。一是“精益生产”的理念。在大批量生产方式下，企业将协作单位、供应商、销售代理商、客户纳入生产体系，建立了一种利益共享的合作伙伴关系，这些合作伙伴共同构成了企业的供应链。通过 ERP 系统的支持，企业能够实现供应链上各环节的精细协调和高效运作，减少了资源浪费，提高了生产效率。二是“敏捷制造”的思想。当企业需要满足特定的市场和产品需求或市场需求发生变化时，企业的合作伙伴可能无法完全适应新的要求或变化。因此，企业需要与特定的供应商和销售渠道合作，组织临时的供应链。此时，ERP 系统能够支持企业运用“同步工程（SE）”的方法，在保持产品的灵活性、多样化和高质量的同时，以最短的时间将新产品推向市场。

（3）事先计划与事中控制

在 ERP 系统中，计划体系是重要的组成部分，它包括了多个计划功能，这些功能已经完全集成到整个供应链系统中。这些计划功能主要包括以下几个方面：人力资源计划、销售执行计划、物料需求计划、财务预算、采购计划、能力计划、利润计划和主生产计划等。通过这些计划功能，企业可以有效规划和控制各个方面的业务活动。ERP 系统通过定义与交易相关的会计核算科目和核算方式，在事务处理中自动生成会计核算分录，保证了资金流与物流的同步记录和数据一致性。这消除了资金信息滞后，并实现了事中控制和实时决策。此外，ERP 系统实现了计划、事务处理、控制和决策功能的整合，要求员工充分发挥潜力并保持一定的责任心，强调流程间的合作精神。这使得企业实现了从传统金字塔式组织结构向扁平化组织结构的转变，提高了对市场动态变化的响应速度。

ERP 的实施对于提升企业的市场决策能力和竞争力具有至关重要的作用，有利于对企业的运营环节及区域运行状况进行高效监管。在应收账款方面，通过 ERP 系统，企业可以更好地管理应收账款，避免资金链断裂的风险。在风险控制方面，ERP 可以及时把握市场的供求信息，及时推出相应的产品和服务，帮助企业更好地控制风险，避免因市场变化而产生的损失。在存货管理方面，通过 ERP 系统，企业可以更加高效地进行库存管理，避免库存积压和缺货现象的发生。ERP 系统可以帮助企业决策者更好地了解企业的运营状况，做出更加科学、合理的决策，从而推动企业的发展。

3. 充分发挥内部审计的作用

内部审计与外部审计在本质上有所不同。内部审计除了对过去的业务进行鉴证外，还承担着管理审计、经营审计和经济效益审计的评价职能。这些评价职能不仅关注企业的财务状况，还关注企业的运营效率、管理合规性和风险控制等方面。内部审计的监督职能主要体现在对企业各项业务的合规性、合法性和真实性进行审查和监督。通过内部审计的监督，可以及时发现并纠正企业运营过程中的违规行为和不良现象，保障企业的正常运营和合法合规性。鉴证职能是内部审计的重要职能之一，通过对企业财务报表、会计记录和其他财务信息的审查和验证，来确保企业的财务报告真实、准确、完整，并且符合会计准则和相关法规的要求。评价职能是内部审计的核心职能之一，包括对企业各项业务的审查和评估，对企业运营效率、管理合规性和经济效益等方面进行评价。通过评价职能的发挥，可以发现企业运营过程中的问题和不足之处，进而提出改进意见和建议，帮助企业提高运营效率和经济效益。为了充分发挥内部审计的监督、鉴证和评价职能，建立有效的控制体系是必要的。通过建立完善的内部控制体系，可以加强对企业各项业务的监督和管理，提高企业的运营效率，增强风险控制能力。同时，内部控制体系还可以帮助企业及时发现和纠正违规行为和不良现象，保障企业的正常运营和合法合规性。管理控制的一般逻辑是，内部审计对中层和底层管理的审计和绩效评估，以精准严密的推理为基础，向高层管理和最高权力机构报告；高层管理在接收内部审计报告后，会采取相应措施，这些措施通常包括改进管理策略、优化资源配置、提升运营效率等；最高权力机构将内部审计报告作为评价高层管理的依据，以此来检查问题处理的有效性。由于内部审计存在于企业内部，因此不适合对高层管理进行评价和评估。审计委员会是公司治理结构中的重要组成部分，负责对高层管理进行审计，以确保其行为符合公司利益和道德规范。

三、企业文化

（一）企业文化的内涵

在探讨企业文化时，必须深入理解企业的本质。企业的存在不仅仅是为了满足投资者的利益需求，而是一种具有复杂性和多元性的社会实体。企业的各种资源并不仅仅是工具的组成部分，更是企业发展的基础和核心，是企业在市场竞争中获得优势的关键因素。因此，企业文化的重要性不言而喻，它是企业组织的灵魂，是企业组织的价值观、信仰、习惯和行为规范的集合体。企业组织是通过与社会建立社会契约而获得合法性的。社会契约是指企业组织与社会的相互关系和权利义务，明确了企业组织的权利和义务，并确定了企业组织在社会中的地位和作用。企业的本质是以最有效的方式增加消费者和雇员的利益，进而增加社会福利。如果企业履行了社会契约，就可以获得社会的认可和支持，从而得到发展促进。相反，如果企业不履行社会契约，社会就有理由对其进行谴责。因为企业的行为违背了社会契约，这将损害消费者的利益和社会的福利。因此，企业文化的重要性在于其能够引导企业组织履行社会契约，促进企业的可持续发展和社会福利的增加。

因此，企业文化是一个企业组织的灵魂和基础，不仅规定了企业的行为规范，树立了企业的价值观，正在引导企业履行社会契约、增加社会福利方面发挥着重要作用。因此，对于任何一个企业组织来说，建立健康、积极、可持续的企业文化都是至关重要的。

印度信息系统技术有限公司董事长兼执行总裁默迪说："信息系统公司的主要财富是员工。这些财富每天下班时身体和心理上都非常累了。我们的责任就是要确保他们第二天上班时保持高昂的情绪和充沛的精力"[①]。

某信息系统公司的员工可以享受到公司提供的各种福利，包括使用宽敞的篮球场和排球场、先进的健身设备及舒适的桑拿浴室。此外，公司还为员工提供住房和购车贷款等福利，帮助员工解决生活中的问题。公司重视员工的个人发展，为员工提供投资和人事咨询等方面的支持，让员工感受到公司的关怀和重视。这种"亲善员工"的态度使得公司的人员缩减率只有 11%，远低于该行业的平均水平——25%。这种稳定的人员结构使得公司能够更好地应对市场变化和挑战，提高企业的竞争力。

企业文化是一个复杂且多维的概念，要想给出一个确切的定义并非易事。笔者认为，企业文化通常指的是企业内部的环境或个性，包括企业员工共同持有的价值取向、观念、行为等外部表现形式。这些观念和价值取向在企业管理中起着至关重要的作用，影响着企业的日常运作和员工的思维、行为方式。企业文化不仅包括员工们共同认可的价值观和行为准则，而且还包括企业管理者的管理理念、作风及企业的各项规章制度。这些元素共同形成了一种独特的管理气氛，影响着每一位员工的工作态度和行为。同时，企业文化还体现在企业的组织结构、决策过程及员工之间的互动方式上。随着社会的不断发展和变化，企业文化的内容和范围也在不断地更新变化。在现代企业中，企业文化已经成为企业经营管理中不可或缺的一部分，其不仅能够塑造企业的形象，提升企业品牌价值，还能够激发员工的创造力和工作热情，提高企业的竞争力和适应能力。因此，对于现代企业而言，建立积极向上、富有团队精神的企业文化显得尤为重要。

---

① 徐静，姜永强．企业财务管理与内部控制体系构建 [M]. 长春：吉林出版集团股份有限公司，2018.

（二）企业文化的作用

企业文化与企业的规章制度并不相同，企业的规章制度主要是为了规范员工的行为，确保其符合外部要求和规范，然而，如果仅仅依靠规章制度来管理员工，很难激发他们的积极性和创造性。

企业文化在企业组织中起着至关重要的作用，主要表现在如下几个方面。

1. 战略导向

企业文化塑造和传递了组织的核心价值观和目标，为员工提供明确的发展方向和愿景，对战略决策起到指导作用。

2. 强化身份认同

企业文化增强了员工的归属感和身份认同感，提高了员工对组织的忠诚度和投入度，促进了员工团结协作。

3. 影响行为规范

企业文化树立了企业组织的共同价值观，确定了企业组织的行为准则，并以此指导员工行为，使其做出符合组织价值观的决策和行动。

4. 激发创新和变革

积极的企业文化鼓励员工尝试新方法和创新，营造开放、包容和学习的工作氛围，推动企业组织变革和持续发展。

5. 客户关系

企业文化可以影响员工对待客户的态度和行为，好的企业文化可以提升客户满意度和忠诚度，增强企业声誉和竞争力。

6. 员工发展

正面的企业文化注重员工培训和发展，为其提供职业成长机会，促进员工的个人成长和提升，鼓励员工创造更大的价值。

7. 持续发展

企业文化有助于建立长期、稳定的企业组织，保持企业组织的凝聚力和竞争力，形成和谐的工作氛围。

好的企业管理应该注重文化建设。企业文化是一种价值观，也是一种形式共识的行为准则，能够影响员工的思维方式、行为方式和态度。良好的企业文化能够培养员工对企业的信任和归属感，并激发他们自我管理的意识。当员工相信企业的价值观是正确而有意义的时，他们将更加自觉地管理自己的行为，而不仅仅依赖外部的行为控制。好的企业文化强调人的发展和道德修养，以做人的道理和价值观为基础，鼓励员工自觉地遵循相关原则。企业通过建立和弘扬良好的文化，使员工的内心得到自我约束，进而推动员工的自我管理。只有真正管住了员工的心，才能实现更好的管理效果。要想提升企业管理效率，就要建设优秀的企业文化，它能够提升员工的工作动力、凝聚力和创造力，使企业实现更好的发展。

（三）企业文化的构建

企业文化包括企业的价值观、经营理念及与之相匹配的行为准则和规范。它对员工和组织的行为产生着非强制性的约束和影响，能够增强员工凝聚力，规范企业组织运作。企业文化是一种特殊的组织文化，超越了单纯的规章制度和管理程序，展现了企业组织的核心价值观和道德伦理。没有共同的价值观，一个企业就会变得零散无序，缺乏凝聚力和协同性。正确的价值观能够激发员工的创造力、团队合作能力和专注力，帮助企业实现经济效益和社会效益的双重增长。企业文化是一种更高层次的管理手段，渗透于企业的各个层面和方面，体现在生产、营销、质量、成本和技术等基础管理工作中。通过将企业文化与基础管理相融合，企业能够在各个方面更好地践行其价值观和经营理念，提高运营效率、员工满意度及产品和服务质量。

构建企业文化的过程既简单又复杂，这一点可以从微软公司的企业文化建设过程中得到印证。微软公司的企业文化体现了一种不喜欢过多规则、组织和官僚主义的特点。微软的企业文化注重以专业的职能交叉专家小组为基础，注重授权和灵活性，鼓励员工保持思想独立性。这种企业文化氛围可以激发员工的创造力和创新能力，使他们能够自主地解决问题。微软的企业文化还强调学习和知识分享，倡导通过实践来获得知识并与有经验的人交流学习。这种企业文化使员工能够不断成长，同时也有利于知识的传承和企业组织的持续进步。这样的企业文化有助于构建积极、开放和创新的工作环境，鼓励员工参与企业活动，提高员工的贡献率。没有过多的官僚主义和政治手腕，才能够促进有效的沟通和合作，提高工作效率和员工满意度。

每个企业的文化都是独特的，因为其要与组织的使命、价值观和业务需求相匹配。因此，企业文化的构建是一个需要根据企业组织的特点和目标进行定制和持续发展的过程。微软的文化只是一个例子，不同的企业可能会有不同的文化形态。

企业内部控制不仅依靠经济利益的调节，而且应该建立在共同的伦理道德基础上，形成真正意义上的团队精神。企业内部控制的有效性需要建立在每个员工的明确信仰和鲜明思想的基础上，这意味着每个员工都应该有自己的价值观和行为准则，并将其贯彻到工作中。只有这样，企业内部控制才能发挥最大的作用。

企业内部控制应体现以人为本的思想，重视对人的关爱和尊重。这需要强调沟通和感情交流，减少管理者与被管理者之间的隔膜。建立良好的人际关系环境，可以培养团队的凝聚力和合作意识，调动每个人的积极性和创造力。创造一个良好的人际关系环境空间，让员工相互支持、相互激励，充分发挥自己的主观能动性。此外，企业内部控制还应重视集体主义的精神建设。集体主义的精神可以增强团队的凝聚力和合作能力，推动企业的稳定发展。

总之，企业内部控制不仅仅依靠制度和规范，还应该建立在共同的伦理道德基础上，强调团队精神、以人为本的思想，注重人际关系和集体主义精神的建设，从而促进企业内部协作能力和创新能力的提升。

四、内部控制的信息系统

随着生产社会化程度的提高，企业规模进一步扩大，信息管理日益复杂。管理决策对信息需求增多且质量要求提高。信息系统的进步为现代社会管理提供了坚实基础。未来经济发展将依赖信息与知识。信息系统是一个综合且相关部分联系紧密的系统，能够处理数据并产生有用信息，从而输出完整系统。企业管理信息系统与企业经营意识、管理模式密切相关，是一个为运营、生产和行政的管理工作服务的人机系统。该系统为企业最终目标提供服务，覆盖企业或主要业务部门。企业管理信息系统集计算机技术、网络通信技术于一体，将日常工作中的资料、数据纳入计算机应用系统中，有利于企业管理科学化、合理化、制度化、规范化发展，为企业持续、健康、稳定的发展打下基础。管理过程包括控制、决策、组织和计划活动，不同管理层需要不同信息。低层管理者需要业务反馈信息，以监督日常业务；中层管理者需要有效分配资源的反馈信息；高层管理者需要外部信息，以寻找商机、建立目标。

管理信息系统在不同层面发挥作用。在战略计划层面，管理信息系统能提供辅助高层管理人员制定企业长期策略的信息。高层管理者借助战略计划信息系统确立企业的长期目标，而中层管理者则依靠战术系统控制自己部门的职权范围，并分配资源以实现高层制定的目标。在战术计划层面，管理信息系统为中层管理人员提供监督和控制业务活动、有效分配资源所需的信息。它对业务处理数据进行概括、集中和分析。在操作层面，它负责收集、验证和记录公司资源收支数据，如应收账款、应付账款和现金收据等。管理信息系统通过处理公司资源收支数据来确保这些财务数据在业务发生时被及时记录，如销售商品时，记录商品数据、更新库存水平，并做好运输标签、打包封条和发票等准备工作。

第四章　企业财务管理中的筹资管理

企业的创立、正常的生产经营、扩张和发展等一系列企业活动均离不开资金的支持与配合，这就需要想方设法、及时足额地筹到相应资金。但资金的获取受到外部环境和内部状况的种种限制，且资金的筹集和使用必须付出代价，因此正确预测资金需要量，以低成本、低风险及有效的方式筹措企业所需资金是筹资管理需要实现的目标。

第一节　筹资相关知识

筹资是指企业根据生产经营、对外投资及调整资金结构的需要，通过一定的渠道，采取适当的方式，获取所需资金的一种行为。筹集资金是企业资金运动的起点，是决定资金运动规模和生产经营发展程度的重要环节，是财务管理的一项重要内容。

一、筹资的渠道及方式

（一）筹资渠道

筹资渠道是指筹措资金的方向与通道，体现着资金的来源与供应量。认识和了解各筹资渠道及其特点，有助于企业拓宽和正确利用筹资渠道。我国目前的筹资渠道主要有以下几种。

1. 政府财政资金

政府财政资金包括中央政府财政资金及地方政府财政资金，其具有广阔的源泉和稳固的基础。政府财政资金是国有企业最主要的资金渠道，我国现有的国有股份制企业大多是由原有的国有企业改制而成的，其股份总额中的国家股就是国家以各种方式向原国有企业投入的资本。此类资金政策性很强，随着我国经济改革的深入，除了某些关系国计民生的大型重点企业和骨干企业外，政府财政资金在企业自有资金中所占比重在逐步减小。

2. 银行信贷资金

我国的银行主要包括中央银行、商业银行和政策性银行三类。

中国人民银行是我国的中央银行，国家赋予其制定和执行货币政策的权力，对国民经济进行宏观调控，拥有对其他金融机构乃至金融业进行监督管理的权限，地位非常特殊，被俗称为“银行的银行”。中央银行不向企业提供贷款，能向企业提供贷款的银行是商业银行和政策性银行。

商业银行是以营利为主要目标的信用机构，包括国有商业银行、股份制商业银行和合作银行。除了自有资本以外，其资金的主要来源是居民储蓄、单位存款。商业银行资金实力雄厚，可以向各类企业提供各种商业性贷款，是各类企业筹资的重要来源。

政策性银行是指由政府发起、出资成立，为贯彻和配合政府特定经济政策和意图而进行融资和信用活动的机构。我国1994年设立了国家开发银行、中国进出口银行、中国农业发展银行三大政策性银行，均直属国务院领导。政策性银行不以营利为目的，为那些商业银行不愿承担的社会急需、社会效益好，但经济效益不高的项目提供资金支持。

3. 非银行金融机构资金

非银行金融机构是指除银行以外的各种金融机构及金融中介机构。在我国，非银行金融机构主要有保险公司、租赁公司、信托公司、证券公司、企业集团的财务公司及小额贷款公司等。它们有的集聚社会资本，融资融物；有的承销证券，提供信托服务。目前，这些机构在中国正在快速地发展。

4. 其他法人资金

法人是在法律上人格化了的、依法具有民事权利能力和民事行为能力并独立享有民事权利、承担民事义务的组织。我国法人可分为企业法人、事业单位法人和团体法人等，如银行及非银行金融机构即企业法人。除了银行及非银行金融机构以外的其他法人组织，在日常的资本运营中有时也可能形成部分暂时闲置的资金，为了让其发挥一定的作用，就需要相互融通。这就为企业提供了一种资金来源。

5. 民间资金

居民个人结余货币作为“游离”于银行及非银行金融机构之外的个人资金，也可用于对企业进行投资，形成民间资金。随着证券市场的发展，民间资金已成为股份制企业的一条广阔的筹资渠道。

6. 企业内部资金

企业内部资金主要包括计提的折旧、提取的公积金和未分配利润等。这是企业通过经营自己形成的资本积累，其资金数额的大小取决于企业的营利能力及利润分配政策，是企业保持持续增长能力的一种主要资金来源。

（二）筹资方式

筹资方式是企业筹集资金所采取的具体形式。筹资渠道体现的是取得资金的客观可能性；筹资方式体现的是通过什么主观行为把筹资的可能性变为现实。企业所能采用的筹资方式取决于企业的组织形式、规模、信誉度、担保能力和经营能力。我国企业筹资方式主要有以下几种。

1. 吸收直接投资

吸收直接投资又称为投入资本筹资，是企业以协议形式取得政府、法人、自然人等直接投入的资金形成企业实收资本的一种筹资方式。此方式不以股票为媒介，适用于非股份制企业，筹集的资金量可大可小，可供企业长期使用。

2. 发行股票

发行股票是企业以股票为媒介，通过金融市场向资金所有者直接筹资的一种方式。此方式筹集的资金会形成企业的股本。此方式适用于股份制企业，发行前期需要较长的时间进行准备，筹集的资金量较大，可供企业长期使用。

3. 留存收益

留存收益筹资是指企业将留存利润转化为投资的过程。留存收益将企业生产经营所实现的净利润留在企业，而不作为股利分配给股东，其实质为原股东对企业追加投资，形成企业的实收资本或股本，可供企业长期使用。

4. 发行债券

发行债券是企业以债券为媒介，通过金融市场向资金所有者直接筹资的一种方式。发行债券形成企业的债务，负有到期按约定还本付息的义务。此方式适用于信誉好的大企业。发行债券前期也需要较长的时间进行准备，筹集的资金量较大，一般在企业需要长期资金时才会使用。

5. 借款

借款是企业向银行等金融机构及其他单位筹集资金的一种方式，形成企业的债务，负有到期按约定还本付息的义务，主要以向银行这一渠道借款为主。

根据借款期限的不同，借款可分为长期借款与短期借款。长期借款是指企业向银行或其他金融机构借入的期限在一年以上（不含一年）或超过一年的一个营业周期以上的各项借款。长期借款一般用于固定资产的购建、改扩建或大修理工程、对外投资等。短期借款是企业向银行或其他金融机构等借入的期限在一年以下（含一年）的各种借款。短期借款一般用来弥补企业自有流动资金的不足。

利用借款筹资方式筹集的资金量可大可小，使用时间可长可短，筹资手续比发行股票、债券简单得多，是企业经常采用的一种筹资方式。

6. 租赁

租赁筹资是指出租人以收取租金为条件，授予承租人在约定的期限内占有和使用财产权利的一种契约性行为。其行为会形成企业的债务，不过它直接涉及的是物而不是钱。租赁通常按性质可分为经营租赁和融资租赁两大类，其中经营租赁的租期一般较短，融资租赁的租期较长。

上述方式是比较常见的筹资方式，金融工具的不断创新还为企业筹资提供更多的筹资方式。

（三）筹资渠道与筹资方式的配合

企业筹资方式与筹资渠道有着密切的关系。一种的筹资方式可以适用于多种筹资渠道，同一种筹资渠道也可以采用不同的筹资方式。一般情况下，它们之间的对应关系，如表 4-1-1 所示。企业融资时应注意筹资渠道与筹资方式的合理搭配，以提高筹资效率、降低筹资成本。

表 4-1-1　筹资方式与筹资渠道的对应关系

筹资渠道	吸收直接投资	发行股票	留存收益	发行债券	借款	租赁
政府财政资金	✓	✓	—	—	—	—
银行信贷资金	—	—	—	—	✓	—
非银行金融机构资金	✓	✓	—	✓	✓	✓
其他法人资金	✓	✓	—	✓	✓	✓
民间资金	✓	✓	—	✓	✓	—
企业内部资金	—	—	✓	—	—	—

二、筹资的分类

企业通过各种筹资渠道和筹资方式所筹集的资金由于属性、期限、来源的不同形成不同的类型。具体分类如下：

（一）按资金使用时间的长短分类

按资金使用时间的长短，将企业筹集的资金分为短期资金和长期资金。短期资金是指供一年以内或一个营业周期以内使用的资金。短期资金主要投资于现金、应收账款、存货等，一般在短期内可收回。短期资金可通过上述筹资方式中短期借款、经营租赁方式筹集。

长期资金是指供一年或一个营业周期以上使用的资金。长期资金主要投资于新产品的开发和推广、固定资产的投资和更新，一般需要几年甚至更长时间才能收回。长期资金可通过上述筹资方式中吸收直接投资、发行股票、留存收益、发行债券、长期借款及融资租赁等方式筹集。

（二）按资金性质分类

按资金性质不同，将企业筹集的资金分为股权资金、债务资金及混合性资金。

股权资金又称为自有资金，是企业依法取得并长期拥有、自主调配运用的资金。股权资金由企业成立时各种投资者投入的资金及企业在生产经营过程中形成的资本公积、盈余公积和未分配利润组成。股权资金可采用吸收直接投资、发行股票及留存收益等方式筹集，筹资渠道可以是国家，也可以是法人或个人，还可以是外商。此时的投资者被称为企业所有者。股权资金的所有权归企业的所有者。企业所有者依法凭其所有权参与企业的经营管理和利润分配，并对企业的债务承担有限或无限责任。企业对股权资金依法享有经营权。在企业存续期间，企业所有者除了依法转让其所有权外，不得以任何方式抽回其投入的资金，因此股权资金被视为企业的“永久性资本”。对筹资者来说，股权资金不需要偿还，财务风险较小，但付出的资金成本相对较高；对投资者（企业所有者）来说，因本金得不到偿还，只能通过盈利分红或资产增值后转让才可收回投资，财务风险较大。

债务资金又称为借入资金，是企业依法取得并依约运用、按期偿还的资金。债务资金可利用借款、发行债券、发行商业票据、租赁等方式取得，筹资渠道可以是银行，也可以是非银行金融机构，还可以是其他法人、个人及外商。此时的投资者被称为债权人。企业的债权人有权按期索取本息，但无权参与企业的经营管理和利润分配，对企业的其他债务不承担责任。企业对持有的债务资本在约定的期限内享有经营权，并承担按期还本付息的义务。对筹资者来说，债务资金到期需要还本付息，当资金紧张时，财务风险较大，但付出的资金成本相对较低；对投资者（债权人）来说，即使企业亏损，只要企业没到资不抵债的程度，其都可收回本息，财务风险较小。

股权资金与债务资金是资金的两种基本形式。相比而言，同一项目，对于投资者来说，股权资金的风险大、收益高，债务资金的风险低、收益低。比较激进的投资者喜欢选择股权资金，比较保守的投资者喜欢选择债务资金。但还有一些介于激进与保守之间的投资者，他们不愿意承担像激进者那样的风险，但又嫌保守者过于胆小，收益太低。这些投资者寻求风险与收益介于股权资金与债务资金两者之间的一种投资。随着金融的不断创新，混合性资金应运而生。混合性资金是指既具有某些股权资金的特征又具有某些债务资金的特征的资金形式。企业常见的混合性资金包括优先股、可转换债券和认股权证。

（三）按资金来源的范围分类

按资金来源的范围不同，筹资可分为内部筹资和外部筹资两类。企业应在充分利用内部筹资来源之后，再考虑外部筹资问题。

内部筹资是指在企业内部通过留用利润而形成的资金来源。内部筹资是在企业内部自然形成的，因而被称为“自动化的资本来源”，一般无须花费筹资费用，筹资金额的多少通常取决于企业可分配利润的规模和利润分配政策。

外部筹资是指企业在内部筹资不能满足需要时，向企业外部筹集资金而形成的资金来源。外部筹资方式包括吸收直接投资、发行股票、发行债券、借款、租赁等。企业的外部筹资或多或少均要花费一定的筹资费用。

处于初创期的企业，盈利较少甚至可能是亏损的，其内部筹资的可能性是有限的。处于成长期的企业，可能已盈利甚至可能盈利较丰，但由于其想快速扩张，需要的资金规模往往远远大于留用利润，内部筹资往往难以满足需要。

三、筹资的原则

为了经济有效地筹集资金，筹资必须遵循合法性、效益性、及时性等基本原则。

（一）合法性原则

企业的筹资活动影响社会资本及资源的流向和流量，涉及相关主体的经济权益。因此，必须遵守国家有关法律法规，依法履行约定的义务，维护有关各方的合法权益，避免非法筹资行为给企业本身及相关主体造成的损失。

（二）效益性原则

筹集和使用资金必须支付对价，对价即资金成本。企业筹集资金的渠道、方式多种多样，通过不同筹资渠道和方式取得的资金成本和风险程度各不相同。因此，在选择资金来源和筹资方式时，应根据资金需要量研究各种资金来源，综合考虑各种筹资渠道的资金成本和风险程度等多方面因素，力争构建最优筹资组合以降低综合资金成本。

（三）及时性原则

企业投资一般都有投放时间上的要求。筹资时间必须与投资时间要求相配合，避免筹资时间过早而造成投资前的资本闲置或筹资滞后而错过投资的有利时间的情况出现。资金能否及时供应取决于外部筹资环境和自身条件。例如，从证券市场上筹资一般要求较严，发行股票、债券手续繁杂，资金的供应及时性较低；而银行贷款等则相对容易获取资金；企业规模较大，财务及经营状况良好，也是比较容易获取资金的。

四、筹资决策的影响因素

企业的筹资决策受到各类因素的影响，如国家经济政策、有关的法律法规、金融市场及企业的经营现状等。这些因素，一方面为企业筹资提供机会与条件，另一方面对企业筹资进行制约和限制。

（一）国家经济政策

国家经济政策主要有货币政策、财政政策和产业政策。货币政策直接影响资金供给量和市场利率。货币政策变松，银根松动，社会持币量增加，市场利率下降，为企业的筹资提供有利条件。税收政策是一种重要的财政政策，国家的税收政策规定企业发行债券和银行借款所发生的利息支出可以在扣除所得税前的利润中扣除，而股权性质的资金所发生的股利支出只能用企业税后净利润支付。假使国家提高所得税税率，则企业的债务资本的资本成本将会下降，从而影响企业筹资方式的选择。国家还会实施一定的产业政策，鼓励或限制某些产业的发展。对于鼓励的产业，从税收到筹资都会有相应的扶持政策；反之，则会增加税负，提高筹资门槛和成本。

（二）法律法规

为保障国家经济平稳运行，国家制定了一系列企业相关的规范和制约企业筹资行为的法律法规，主要有《中华人民共和国公司法》《中华人民共和国个人独资企业法》《中华人民共和国证券法》《中华人民共和国银行法》《中华人民共和国所得税法》等。这些法律法规主要规范了不同类型企业的筹资渠道、筹资方式、筹资的条件三个方面的内容。法律法规并非一成不变的，企业必须随时关注其变化，在遵守相关法律法规的基础上进行筹资，以免造成非法集资并受到相应的惩处。

（三）企业的经营现状

企业的经营现状一般从营利能力、运营能力、资产质量、发展潜力四方面进行分析，这些方面直接影响企业的收益和风险，进而影响企业的筹资能力。如果企业的资产质量良好、营利能力强、偿债能力好，则该企业就比较容易筹到所需资金，且筹资成本也会较低。

上述因素对企业的筹资决策的影响不是孤立的，国家经济政策、法律法规将最终作用于企业，企业需要综合考虑诸因素以做出正确的决策。

第二节　长期筹资方式

企业购建固定资产、取得无形资产及对外长期投资等通常需要经过较长时间才能收回本金，若是采取短期筹资方式筹得这些投资项目的资金，往往未等到这些长期投资产生效益就需要偿还资本，这无异于釜底抽薪，会给企业带来极大的财务风险。因此，企业要长期生存与发展，需要经常持有一定规模的长期资本。长期筹资方式主要有吸收直接投资、发行股票、留存收益、长期借款及融资租赁等。

一、吸收直接投资方式

（一）吸收直接投资的主体

吸收直接投资方式又称为投入资本方式，是非股份制企业（包括个人独资企业、个人合伙企业、国有独资公司和有限责任公司）以协议等形式吸收国家、其他企业、个人和外商等直接投入的资本，形成企业长期股权资本的一种基本筹资方式。

（二）吸收直接投资的种类

按吸收直接投资的投资者及投资者的出资形式的不同，吸收直接投资可有不同的分类。

1. 按投资者分类

筹集国家直接投资（主要是国家财政拨款），形成企业的国有资本；筹集除金融机构外的其他法人的直接投资，形成企业的法人资本；筹集本企业内部职工和城乡居民的直接投资，形成企业的个人资本；筹集外国投资者和我国港澳台地区投资者的直接投资，形成企业的外商资本。

2. 按投资者的出资形式分类

投资者可以以现金或非现金形式对企业进行投资。非现金形式还可分为两种形式：一是筹集实物资产，如房屋、建筑物、设备和材料、产品等流动资产；二是筹集无形资产，如知识产权、土地使用权等可以用货币估价并可以依法转让的非货币财产。2015 年新修订的《中华人民共和国公司法》规定：全体股东的货币出资金额不得低于有限责任公司注册资本的 30%。筹资者一般乐于筹资现金，因为此种资金使用起来比较灵活方便。

（三）吸收直接投资的优缺点

吸收直接投资方式是我国非股份制企业普遍采用的一种筹资方式，它既有优点，也有不足。

吸收直接投资方式筹资的优点主要有三个。

①有利于提高企业对外负债能力。此方式筹集的资金属于企业的股权资本，与债务资本相比，它能提高企业的资信和借款能力。

②有利于降低财务风险。此方式筹集的资金可供企业长期使用且无须偿还本金，与债务资本相比，其财务风险较低。

③有利于企业生产经营能力尽快形成。此方式不仅可以筹取到现金，还可直接获得所需的先进设备和技术，与仅能筹集到现金的方式相比，它能使企业尽快形成生产能力。

吸收直接投资方式筹资的缺点主要有两个。

①资本成本较高。此方式筹集的资金，由于无须偿还本金，对于投资者来说财务风险较大，且获取的分红是税后净利，因此与债务资本相比，其资本成本较高。

②原有股东的控制权可能被分散。采用此方式筹集资金，除非原有股东按原有股权结构增加投资，否则吸收新的投资者的资金进入企业，企业原有的股权结构比例将会发生变化，原有股东的控制权有可能被分散。

二、发行股票方式

股票是股份有限公司为筹措股权资本而发行的有价证券，是公司签发的证明持股人拥有公司股份的凭证。发行股票是股份有限公司筹集股权资本的基本方式。

（一）股票的种类

股票的种类很多，可按不同的标准进行分类。

1. 按股东的权利与义务不同分类

按股东的权利和义务的不同，股票可以分为普通股和优先股。普通股与优先股是相对而言的。普通股是公司发行无特别权利和义务的、股利不固定的、最基本的、标准型的股票。优先股是公司发行的优先于普通股股东分取股利和公司剩余财产的股票。

普通股股东有权参加股东大会，依法对公司重大事项进行表决，参与公司的经营管理；普通股股利分配在优先股之后，并依公司盈利情况而定；公司解散清算时，普通股股东对公司剩余财产的请求权位于优先股股东之后；公司增发新股时，普通股股东具有优先认购权。

优先股股利一般是固定的，并且在普通股分配股利前支付；在公司破产清算时，优先股股东对公司的剩余财产的分配权在普通股股东之前。与发行普通股相比，发行优先股可以吸引部分保守者的投资。但优先股并非处处优先。优先股股东除涉及自身利益的重大决策外，一般无权参加股东大会行使表决权，不参与公司的经营管理；公司增发新股时，优先股股东没有优先认购权。

2. 按股票票面有无记名分类

按股票票面有无记名可将股票分为记名股票和无记名股票。记名股票是股票票面上记载股东的姓名或名称的股票，股东姓名或名称要记入公司的股东手册。无记名股票是股票票面上不记载股东的姓名或名称，股东姓名或名称不记入公司的股东手册的股票，其持有人即股份的所有者。记名股票的转让有严格的法律程序，需要办理过户手续；无记名股票的转让和继承自由、方便，无须办理过户手续，但若遗失可能会给所有者带来损失。

《中华人民共和国公司法》规定，公司向发起人、国家授权投资的机构、法人发行的股票，应为记名股票；向社会公众发行的股票可以是记名股票，也可以是无记名股票。

3. 按投资主体不同分类

按投资主体的不同，股票可以分为国家股、法人股、个人股和外资股。

国家股是有权代表国家投资的部门或机构以国有资产向公司投资而形成的股份。国家股由国务院授权的部门或机构持有，并向公司委派股权代表。

法人股是指企业法人依法以其可支配的资产向公司投资而形成的股份，或是具有法人资格的事业单位和社会团体以国家允许用于经营的资产向公司投资而形成的股份。

个人股为社会个人或本公司职工以个人合法财产向公司投资而形成的股份。

外资股是指外国和我国港澳台地区投资者购买的我国上市公司的股票。

4. 按发行对象和上市地区不同分类

按发行对象和上市地区的不同，股票可以分为 A 股、B 股、H 股、N 股和 L 股等。A 股是在中国境内上市，以人民币标明票面金额并以人民币认购和交易的股票。B 股是在中国境内上市，以人民币标明票面金额但以外币认购和交易的股票。H 股、N 股、L 股等指分别在中国香港地区、纽约及伦敦上市，以人民币标明票面金额但以当地货币认购和交易的股票。

（二）股票发行的方式

根据是否委托证券承销机构代理销售来分，股票的发行方式有自销和承销两种方式；根据是否向特定对象销售来分，股票发行方式又可分为公开发行和非公开发行。

1. 自销与承销

自销方式是指股份有限公司直接将股票出售给认购股东。承销方式是指股份有限公司将股票销售业务委托给证券承销机构。

自销方式可由发行公司直接控制发行过程，实现发行意图，并可节约发行成本，但发行风险完全由发行公司承担，主要被知名度高、实力强的公司向其现有股东推销股票时使用。

承销方式包括包销和代销，其期限均最长不得超过 90 日。

包销是指由发行公司与证券经营机构签订承销协议，全权委托证券承销机构代理股票发售业务的一种股票发行方式。此种情况下，一般由证券承销机构买进股份有限公司公开发行的全部股票，然后转销给其他投资者。在规定的募股期限内，实际招募股份数达不到预定发行股份数，剩余部分由该证券承销机构全部承购下来。发行公司选择包销的方法，可以免于承担发行风险，保证股票顺利出售；不足之处在于要将股票以略低的价格出售给承销机构。

代销是指由证券经营机构代理股票发售业务的一种股票发行方式。证券代销中发行人与承销商之间建立的是一种委托代理关系。代销过程中，未售出证券的所有权属于发行人，承销商仅接受委托办理证券销售事务；承销商作为发行人的推销者，不垫资金，对不能售出的证券不负任何责任，证券发行的风险基本上是由发行人自己承担；由于承销商不承担主要风险，相对包销而言，所得收入（手续费）较少。

2. 公开发行与非公开发行

股份有限公司向不特定对象或特定对象销售股票累计超过 200 人的称为公开发行（又称公募）；反之为非公开发行（又称私募）。

公开发行股票，必须符合法律、行政法规的要求，并依法报经国务院证券监督管理机构或者国务院授权的部门核准，未经依法核准，任何单位和个人不得公开发行股票。公开发行股票的股份公司为公众公司，其中，在证券交易所上市交易的，称为上市公司；符合公开发行条件，但未在证券交易所上市交易的股份公司为非上市公众公司。

非公开发行股票的发行对象是特定的，其发售的对象主要是拥有资金、技术、人才等方面优势的机构投资者及其他专业投资者，他们具有较强的自我保护能力，能够做出独立判断和投资决策。非公开发行的发售方式也是有限制的，即一般不能公开向不特定的一般投资者进行劝募，从而限制了在违规行为出现时其对公众利益造成影响的程度和范围。

非公开发行股票与公开发行股票相比，其有一定的监管豁免权，可以在不造成《中华人民共和国证券法》的功能、目标受损的前提下，使发行人大大节省了筹资成本与时间，也减少了监管部门的审核负担，从而可以把监管的精力更多地集中在公开发行股票的监管、查处违法活动及保护中小投资者上，有利于提高经济效率。由于可以获得审核豁免，筹资成本大大降低，因而对于许多企业来说，非公开发行具有很大吸引力。例如，一些“创业企业”尽管拥有某种新技术，但由于其具有高风险性，使得普通投资者往往不愿对这样的企业进行投资。这种企业的价值也往往被低估。如果它们通过公开发行股票进行融资，其成功的可能性不高，复杂、耗时、费用高昂的审核、批准程序是一道难以逾越的门槛。而非公开发行则可以为它们提供一条有效的直接融资捷径。

上市公司既可采用公开方式发行股票，也可采用非公开方式发行股票，其公开发行股票，应委托证券承销机构承销；非公开发行股票，可以自销也可以承销。发行人申请公开发行股票，发行可转换为股票的公司债券，依法采取承销方式的，或者公开发行法律、行政法规规定实行保荐制度的其他证券的，应当聘请具有保荐资格的机构担任保荐人。

（三）发行普通股筹资的优缺点

普通股是股份有限公司最基本的股票形式，发行普通股进行融资是股份有限公司筹集股权资金的最常见方法。对于筹资者而言，与其他筹资方式相比，发行普通股筹集资金具有如下优点。

①发行普通股筹措资本具有永久性。因为采取此方式筹集的资金无到期日，无须归还，这对保证公司对资本的最低需要、维持公司长期稳定发展极为有利。

②发行普通股筹资的财务风险小。一方面，发行普通股筹资没有固定的股利负担，普通股股利的支付与否和支付多少视公司有无盈利和经营需要而定，经营波动给公司带来的财务负担相对较小。另一方面，由于其是企业永久性资金，无到期日，当企业资金紧张时，不会面临像债务资金那样到期还本的刚性压力。

但是，发行普通股筹集资金也有一些缺点。

①普通股的资本成本较高。首先，从投资者的角度讲，投资普通股风险较高，相应的应该有较高的投资报酬率。其次，对于筹资公司来讲，普通股股利从税后利润中支付，不像债券利息那样作为费用从税前支付，因而不具有抵税作用。此外，普通股的发行费用一般也高于其他证券。

②以普通股筹资可能会增加新股东，这将分散公司的控制权。此外，新股东分享公司未发行新股前积累的盈余，会降低普通股的每股净收益，从而可能引发股价的下跌。

（四）发行优先股筹资的优缺点

优先股是相对普通股而言的，其优先首先是指在企业清算时对偿付债务后所余净资产要求权的优先，即它的索赔权优先于普通股票；其次是指获取股利的权利优先，即它的股利支付应先于普通股票股利的支付。优先股票的收益是股票面值与其规定股利率之积，它们一般不参与公司剩余利润的分配，就这点而论，优先股票与债券的性质相同；但优先股票无到期日，不需要还本，甚至可以不支付股利，就这点而论，优先股票与普通股票的性质相同。因而我们说，优先股票是一种混合性的筹资形式，它既有债券的特点又有普通股票的特点。

对于筹资者而言，与发行普通股筹资方式相比，发行优先股筹集资金除了同样具有财务风险小、可提高再融资能力的优点外，还具有如下优点。

①无股利支付的法定义务。由于优先股票股利不是发行公司必须偿付的一项法定债务，因此，当公司财务状况恶化时，这种股利可以不付，从而减轻了企业的财务负担。

②财务上灵活机动。由于优先股票没有规定最终到期日，它实质上是一种永续性借款。对于可赎回优先股，企业可在有利条件下收回优先股票，具有较大的灵活性。

同时，发行优先股筹集资金还存在如下缺点。

①资金成本高。由于优先股票股利不能抵减所得税，因此其成本高于债务成本。这是发行优先股筹资的最大缺点。

②股利支付具有固定性。虽然公司可以不按规定支付股利，但这会影响企业形象，进而对普通股票市价产生不利影响，损害到普通股股东的权益。当然，如在企业财务状况恶化的情况下，这是不可避免的；但是，当企业盈利很大，想更多地留用利润来扩大经营规模时，由于股利支付的固定性，这便成为一项财务负担，不利于企业的扩大再生产。

三、留存收益方式

（一）留存收益的定义

留存收益筹资是指企业将留存利润转化为投资的过程，将企业生产经营所实现的净利润留在企业，而不作为股利分配给股东，其实质为原股东对企业追加投资。

留存收益又称为保留盈余，是公司在历年经营过程中所创造的，由于公司经营发展的需要或法定的原因等，没有分配给所有者而留存在公司的盈利，包括企业的盈余公积金和未分配利润两个部分。其中盈余公积金是有特定用途的累积盈余，未分配利润是没有指定用途的累积盈余。盈余公积金按其提取方法可分为三种：一是法定盈余公积金，按净利润的 10% 提取，但此项公积金已达注册资本的 50% 时可不再提取；二是任意盈余公积金（主要是公司制的企业），按股东大会决议提取；三是法定公益金，按净利润的 5%～10% 提取。

（二）留存收益筹资的优缺点

从筹资者角度来看，与采取普通股筹资相似，采取留存收益筹资方式筹集的资金也具有永久性、财务风险小及有利于提高企业的再融资能力的优点。此外，还具有以下优点。

①可迅速获得投资。留存收益是一种内源性的筹资方式。该方式所筹资本已存在于企业当中，只要股东大会审核通过，即可获得投资，且无须像发行普通股那样支付不菲的筹资费用。

②企业的控制权不受影响。增加发行股票，原股东的控制权分散；发行债券或增加负债，债权人可能对企业施加限制性条件。而采用留存收益筹资方式则不会存在此类问题。

当然，留存收益筹资方式也存在一定的缺陷。

①资本成本较高。留存收益属于股权资本。从表面上看，公司留用利润并不花费资本成本；实际上股东愿意将其留用于公司而不作为股利取出投资于别处，是想要获得与普通股等价的报酬。因此，留存收益的资本成本也较高，只比发行普通股少了筹资费用而已。

②期间限制。企业必须经过一定时间的积累才可能拥有一定数量的留存收益，从而使企业难以在短期内获得扩大再生产所需利润资金。

③筹资数额有限制。留存收益的最大数额是企业当年的净利润和以前年度未分配利润之和，不像外部筹资一次性可以筹集大量资金。如果企业发生亏损，那么当年就没有利润留存。

由于留存收益筹资无须支付任何成本，也不需与投资者签订某种协议，又不会受到证券市场的影响和其他限制，从而受到越来越多企业管理者们的偏爱。不过，需要注意的是：如果留存收益过高，现金股利过少，则可能影响企业的形象，并给今后进一步的筹资增加困难。

四、发行债券筹资

债券是国家或地区政府、金融机构、企业等直接向投资者发行，并且承诺按特定利率支付利息、按约定条件偿还本金的一种有价证券。

（一）债券的种类

1. 按发行主体分类

债券按发行主体可分为政府债券、金融债券及公司（企业）债券三类。

政府债券是政府为筹集资金而发行的债券，主要包括国债、地方政府债券等。国债又称“国库券”，因其信誉好、利率优、风险小而又被称为“金边债券”。除了政府部门直接发行的债券外，有些国家把政府担保的债券也纳入政府债券体系，称为政府保证债券。这种债券由一些与政府有直接关系的公司或金融机构发行，并由政府提供担保。

金融债券是由银行和非银行金融机构发行的债券。在我国，金融债券主要由国家开发银行、中国进出口银行等政策性银行发行。金融机构一般有雄厚的资金实力，信用度较高，因此金融债券往往有良好的信誉。

在国外，没有企业债和公司债的划分，统称为公司债。在我国，企业债券是按照《企业债券管理条例》规定发行与交易，由国家发展和改革委员会监督管理的债券。在实际中，其发债主体为中央政府部门所属机构、国有独资企业或国有控股企业，因此，它在很大程度上体现了政府信用。公司债券管理机构为中国证券监督管理委员会，发债主体为按照《中华人民共和国公司法》设立的公司法人，在实践中，其发行主体为上市公司，其信用保障是发债公司的资产质量、经营状况、盈利水平和持续营利能力等。公司债券在证券登记结算公司统一登记托管，可申请在证券交易所上市交易，其信用风险一般高于企业债券。

2．按有无抵押担保分类

债券按有无抵押担保可分为抵押债券和信用债券。抵押债券是将企业财产作为担保的债券，按抵押品的不同又可以分为一般抵押债券、不动产抵押债券、动产抵押债券和证券信托抵押债券。以不动产如房屋等担保为担保品，称为不动产抵押债券；以动产如适销商品等为担保品的，称为动产抵押债券；以有价证券如股票及其他债券为担保品的，称为证券信托债券。一旦债券发行人违约，信托人就可将担保品变卖处置，以保证债权人的优先求偿权。

信用债券是不以任何公司财产为担保，完全凭信用发行的债券。政府债券属于此类债券。这种债券由于其发行人的绝对信用因而较为可靠。除此之外，一些公司也可发行这种债券，即信用公司债。与抵押债券相比，信用债券的持有人承担的风险较大，因而往往需要有较高的利率。为了保护投资人的利益，发行这种债券的公司往往受到种种限制，只有那些信誉卓著的大公司才有资格发行。除此之外，在债券契约中都要加入保护性条款，如不能将资产抵押给其他债权人，不能兼并其他企业，未经债权人同意不能出售资产，不能发行其他长期债券等。

3．按债券持有人的特定权益分类

债券按债券持有人的特定权益分类，可分为收益债券、可转换债券及附认股权证债券。

收益债券是指规定无论利息的支付或是本金的偿还均只能自债券发行公司的所得或利润中拨出的公司债券。公司若无盈余则累积至有盈余年度开始发放。这种债券大多在公司改组或重整时才发行，一般不公开发行。利息支付取决于公司利润的大小，利息并不固定，如果无利润则不付息。这种债券与优先股类似，所不同的是优先股无到期日，而它需到期归还本金。

可转换债券是指在特定时期内可以按某一固定的比例转换成普通股的债券，它具有债务与权益双重属性。由于可转换债券赋予债券持有人将来成为公司股东的权利，因此其利率通常低于不可转换债券。若将来转换成功，在转换前发行企业达到了低成本筹资的目的，转换后又可节省股票的发行成本。根据《中国人民共和国公司法》的规定，发行可转换债券应由国务院证券管理部门批准，发行公司应同时具备发行公司债券和发行股票的条件。可转换债券的利率一般要比普通企业债券的利率低。

附认股权证债券指发行的债券允许债券持有人依法享有在一定期间内按约定价格（执行价格）认购公司股票的权利，是债券加上认股权证的产品组合。对于发行人来说，发行附认股权证的公司债券可以起到一次发行、二次融资的作用，可以有效降低融资成本。但相对于普通可转换债券，附认股权证债券发行人一直都有偿还本息的义务，且无赎回和强制转股条款，并且在股票价格高涨或者市场利率大幅降低时，发行人需要承担一定的机会成本。

4. 按利息是否变动分类

债券按利率是否变动可分为固定利率债券和浮动利率债券。

固定利率债券是将利率印在票面上并按票面利率向债券持有人支付利息的债券。该利率不随市场利率的变化而调整，因而固定利率债券可以较好地抵抗通货紧缩风险。

浮动利率债券的利率在发行债券之初不固定，而是随市场利率变动而调整。因为浮动利率债券的利率同当前市场利率挂钩，而当前市场利率又考虑到通货膨胀率的影响，所以浮动利率债券可以较好地抵抗通货膨胀风险。其利率通常根据市场基准利率加上一定的利差来确定。浮动利率债券往往是中长期债券。

（二）债券发行的价格

债券发行价格是指债券原始投资者购入债券时应支付的市场价格。公司（企业）发行债券需经过申请、审批和发行一系列过程。通常在发行债券之前就已确定债券的票面价值、利息率。可是等到实际发行债券时，市场情况可能发生变化。例如，事前确定的债券票面价值为1000元，利息率为6%，可发行时市场同期的利率为8%，则如果还以1000元的价格发行债券，势必造成无人问津的现象。企业若想成功售出债券，则只有调低发行价格，直至债券实际利息率大于或等于8%才行。因此公司（企业）在发行债券之前必须依据有关因素，运用一定的方式，确定债券的发行价格。

债券发行价格取决于债券面值、票面利率、市场利率及债券期限四个因素。

1．债券面值

债券面值即债券票面上标出的金额。企业可根据不同认购者的需要，使债券面值多样化，既有大额面值，也有小额面值。债券的票面金额是债券到期时偿还债务的金额。面额印在债券上，固定不变，到期必须足额偿还。

2．票面利率

债券票面利率是指发行债券时应付的并直接印刷在债券票面上的利率，表示每年应付的利息额与债券面额之比。由于实际发行价格可能不等于票面面值，因此，债券票面利率并不是债券的实际利率而是名义利率。

3．市场利率

市场利率是指由资金市场上供求关系决定的利率，是市场资金借贷成本的真实反映。能够及时反映短期市场利率的指标有银行间同业拆借利率、国债回购利率等。新发行的债券利率一般也是按照当时的市场基准利率来设计的。由于受融资形式多样、一国经济发展不平衡、市场分割等因素影响，市场利率也会有多种表现。例如在中国，经济较发达的沿海地区和经济发展较为落后的中西部地区，其市场利率水平有一定差距。

4．债券期限

债券的期限即在债券发行时就确定的债券还本的年限，债券的发行人到期必须偿还本金，债券持有人到期收回本金。债券的期限越长，债权人的风险越大，利息报酬越高；反之则相反。

根据货币时间价值原理，债券发行价格由两部分构成：一部分是债券面值以市场利率为折现率折算的现值，另一部分是各期利息（通常表现为年金形式）以市场利率为折现率折算的现值，其计算公式为

$$债券发行价格=\frac{F}{(1+R_M)^n}+\sum_{t=1}^{n}\frac{I}{(1+R_M)^t}$$

式中，F表示债券面值，I表示债券年利息，R_M表示债券发售时的市场利率，

n 表示债券期限，t 表示债券付息期数。

在债券面值、票面利率、期限一定的情况下，发行价格因市场利率不同而有所不同，分别表现为溢价发行、平价（等价）发行及折价发行。

溢价发行是指按高于债券面额的价格发行债券。一般情况下，企业想成功发行债券，只需以等于或略高于市场利率的回报投资者。当债券票面利率高于市场利率时，企业若仍以面值发行，其投资回报远远高于市场平均水平，当然会吸引众多的投资者来购买。一方面，企业为避免增加发行成本；另一方面，债券供应量小于需求量，溢价发行则为必然结果。

等价发行是指以债券的票面金额为发行价格。此时，债券票面利率等于市场利率。

折价发行是指按低于债券面额的价格发行债券。当债券票面利率低于市场利率时，企业仍以面值发行，投资者只能得到低于市场利率的回报，则不能吸引投资者。债券供应量大于需求量，故一般要折价发行。

（三）发行普通债券筹资的优缺点

普通债券是指按照既定利率，到期获得本息，不参与发行公司任何管理事项，不参与利润分配，不含混合性融资性质的债券，是公司债券的基本形式。

对筹资者来说，发行普通债券筹资的优点主要有三个。

①资本成本比股权资本低。与筹集股权资金的方式相比，债券的利息允许在所得税前支付，故公司实际负担的债券成本一般低于股权资本成本。

②可利用财务杠杆增加股东收益。无论发行债券的企业盈利是多少，债券持有者一般只收取固定的利息。若公司用资后收益丰厚，增加的收益大于支付的债息额，则会增加股东财富和公司价值。

③保障原有股东的控制权。债券持有者一般无权参与债券发行公司的管理决策，因此发行债券一般不会分散原有股东的控制权。

对筹资者来说，发行普通债券筹资的缺点主要表现在以下两个方面。

①财务风险较高。债券通常有固定的到期日，需要定期还本付息，财务上始终有压力。在公司不景气时，还本付息将成为公司严重的财务负担，有可能导致公司破产。

②限制条件多。发行债券的限制条件一般要比长期借款、融资租赁的限制条件多且严格，在一定限度上限制了公司对债券融资的使用，甚至会影响公司以后的筹资能力。

（四）发行可转换债券筹资的优缺点

可转换债券在发行时就明确约定，债券持有人可按照发行时约定的价格将债券转换成公司的普通股票。如果债券持有人不想转换，则可以继续持有债券，直到偿还期满时收取本金和利息，或者在流通市场出售变现。如果持有人看好发债公司股票增值潜力，在宽限期之后可以行使转换权，按照预定转换价格将债券转换成为股票，发债公司不得拒绝。由于可转换债券兼有债券和股票双重特点，对筹资者和投资者都具有吸引力。

对筹资者来说，发行可转换债券投资的优点主要表现为：

①有利于降低资本成本。由于可转换债券具备普通债券所不具备的升值潜力，其利率通常低于普通债券，因此在转换前，可转换债券的资本成本低于普通债券；转换为股票后，又可节省股票的发行成本，从而降低股票的资本成本。

②有利于稳定股价。如果在股价低迷时发行可转换债券，可以避免因为直接发行新股而进一步降低公司股价，因为转换期较长，即使在将来转换为股票，对公司股票的影响也较小。

对筹资者来说，发行可转换债券筹资的主要不足在于：

①股价低迷风险。如果发行可转换债券的目的是筹集资本，而股价并未如期上升，可转换债券持有人不愿意转股，则发行公司将承受按约定还本付息的资金压力。

②股价大幅上涨风险。如果转换时股票价格大幅度上扬，公司只能以较低的固定转换价格换出股票，这会降低公司的股权投资额。

五、长期借款方式

借款方式是指企业根据借款合同向银行、非银行金融机构及其他单位借入需按约定到期还本付息的资金的一种筹资方式，也是各类企业较多采用的一种债务性筹资方式。借款方式以向金融机构借款为主，其中向银行借入各类借款最为典型。下面的内容以银行借款为例，介绍长期借款方式的基本内容。

（一）抵押贷款与信用贷款

借款按有无抵押品做担保，可分为抵押贷款和信用贷款。

抵押贷款是银行的一种放款形式，指借款者以一定的抵押品为物品保证向银行取得的贷款。它的抵押品必须是能够变现的资产，可以是不动产、机器设备等实物资产，也可以是股票、债券、货物提单及其他各种证明物品所有权的单据。

贷款到期，借款者必须如数归还，否则银行有权处理抵押品。

信用贷款是指借款者不以抵押品为担保的贷款，即仅凭自己的信誉就能取得贷款。银行在对企业的财务报表、现金预算等资料分析的基础之上，决定是否向企业贷款。由于信用贷款风险较高，一般只有信誉好、规模大的公司才可能得到信用借款。

抵押贷款与信用贷款相比较而言，一方面，抵押贷款的风险要比信用贷款的风险低；另一方面，由于信用贷款的风险高，其通常比抵押贷款的利息要高，且会附加一定的限制条件。

（二）企业申请贷款的条件

企业申请贷款必须具备以下条件：①具有法人资格；②生产经营方向和业务范围符合国家政策，而且贷款用途符合银行贷款办法的规定；③借款企业具有一定的物资和财产保证，或担保单位具有相应的经济实力；④具有还贷能力；⑤在银行开立账户办理结算。

（三）银行借款的程序

1．企业提出借款申请

企业向银行借入资金必须向银行提出申请，填写包括借款金额、借款用途、偿还能力及还款方式等主要内容的“借款申请书”，并提供银行要求的相关资料。

2．银行审查借款申请

银行接到企业的申请后，按照有关政策和借款条件，对借款企业进行审查，以决定是否批准企业申请的借款金额和用款计划。银行审查的主要内容包括企业的财务状况及信用状况，企业盈利的稳定性，企业的发展前景，借款投资项目的可行性、安全性和合法性，企业的抵押品和担保情况。

3．签订借款合同

经银行审核同意之后，借贷双方应签订借款合同。借款合同是规定借款单位和银行双方的权利、义务和经济责任的法律文件。

4．企业取得借款

借款合同生效后，贷款银行要按合同规定按期发放贷款，以便于企业使用借款。

5．企业还本付息

企业在接到还本付息通知单后，要及时筹备资金，按期还本付息。如果企业不能按期归还借款，应在借款到期之前，向银行申请贷款展期，但是否展期，由贷款银行根据具体情况决定。贷款到期经银行催收，如果借款企业不予偿还，银行可按合同规定，从借款企业的存款户中扣收贷款本息及加收的利息。

（四）企业对贷款机构的选择

随着金融信贷业的发展，可向企业提供贷款的银行和非银行金融机构逐渐增多，企业可以在对比各类贷款机构之后做出选择，以争取最大利益。选择银行时，重要的是要选用适宜的借款种类、借款成本和借款条件，此外还应考虑下列有关因素。

1. 贷款机构应对贷款风险的政策

通常，贷款机构在应对其贷款风险时有着不同的政策，有的倾向于保守，只愿承担较小的贷款风险；有的富于开拓，敢于承担较大的贷款风险。

2. 贷款机构对企业的态度

不同机构对企业的态度不同。有的机构会积极为企业提供建议，帮助企业分析潜在的财力问题，有较高的服务水平，乐于为具有发展潜力的企业发放大量贷款，在企业遇到困难时帮助其渡过难关；也有的机构很少提供咨询服务，在企业遇到困难时一味地为清偿贷款而对企业施加压力。

（五）长期借款筹资的优缺点

1. 长期借款筹资的优点

长期借款筹资的优点主要有：

（1）筹集资金速度快

企业通常与贷款机构直接沟通，在贷款机构做出相关审查后即可获得资金，无须像发行股票、债券那样动辄花半年以上的时间。

（2）借款成本较低

借款筹集是债务筹资的一种基本形式，其利息可在所得税前列支，与股权筹资方式相比，其可少交利息相应部分的所得税，减少了企业实际负担的成本。由于其筹集手续比发行债券简单，筹资费用少，因此资本成本也比债券方式低。

（3）借款筹资弹性较大

在借款时，企业与银行直接商定贷款的时间、数额和利率等；在用款期间，企业如因财务状况发生某些变化，也可与贷款机构再协商、变更借款数量及还款期限等。因此，对筹资者来说，此种方式具有较大的灵活性。

2. 长期借款筹资的缺点

长期借款筹资的缺点主要有：

（1）财务风险较高

借款企业负有到期时还本付息的法定义务，若企业不能归还本息，其借款抵押物将会被债权人变现以抵偿借款本息，若还不够，债权人还可申请法院判决，实施财产保全。因此，借款企业存在资金链断裂，破产清算的风险。

（2）限制性条款比较多

借款合同中有一般性限制条款、例行性限制条款及特殊性限制条款。这些条款可能会影响到企业以后的筹资和投资活动。

六、融资租赁筹资方式

（一）融资租赁的特点

融资租赁又称资本租赁、财务租赁，是由租赁公司按承租企业的要求融资购买设备，并在契约或合同规定的较长期限内提供给承租企业使用的信用性业务。融资租赁实质是依附于传统租赁上的金融交易，是一种特殊的金融工具。它产生于“二战”之后的美国。“二战”以后，美国工业化生产过剩，生产厂商为了推销自己生产的设备，开始为用户提供金融服务，即以分期付款、寄售、赊销等方式销售自己的设备。由于所有权和使用权同时转移，资金回收的风险比较大，于是有人开始利用传统租赁的做法，将销售的物件所有权保留在销售方，购买人只享有使用权，直到出租人融通的资金全部以租金的方式收回后，才将所有权以象征性的价格转移给购买人。这种方式被称为“融资租赁”。1952 年美国成立了世界第一家融资租赁公司——美国租赁公司（现更名为美国国际租赁公司），开创了现代租赁的先河。中国的现代融资租赁业起步较晚，开始于 20 世纪 80 年代，当时融资租赁是引进外资的一条重要渠道，较好地解决了资金不足和引进先进技术、设备、管理的迫切需求之间的矛盾。

融资租赁的特征一般归纳为五个方面。

①租赁物由承租人决定，出租人出资购买并租赁给承租人使用，并且在租赁期间内只能租给一个承租人使用。

②承租人负责检查验收制造商所提供的租赁物，对该租赁物的质量与技术条件，出租人不向承租人做出担保。

③出租人保留租赁物的所有权，承租人在租赁期间支付租金而享有使用权，并负责租赁期间租赁物的管理、维修和保养。

④租赁合同一经签订，在租赁期间任何一方均无权单方面撤销合同。只有租

赁物毁坏或被证明为已丧失使用价值的情况下方能中止合同，无故毁约则要支付相当多的罚金。

⑤租赁期较长，大多为设备使用年限的一半以上。租期结束后，承租人一般对租赁物有续租、留购和退还三种选择，若要留购，购买价格可由租赁双方协商确定。

（二）融资租赁的方式

融资租赁按其业务的不同特点，可细分为以下三种具体方式。

1. 直接融资租赁

直接融资租赁由出租人使用在资金市场上筹措的资金，向制造厂商支付货款，购进设备后直接出租给用户（承租人）。这种租赁的租约一般包括两个合同：一个是出租人与承租人签订一项租赁合同；另一个是出租人按照承租人的订货要求，与厂商签订一项买卖合同。直接融资租赁方式没有时间间隔，出租人没有设备库存，资金流动快，有较高的投资效益。

2. 杠杆融资租赁

杠杆租赁是融资租赁的一种特殊方式。使用这种租赁方式时，出租人自筹购置租赁设备成本的20%～40%的资金，其余的资金由银行或财团等以贷款的形式提供；出租人需将设备的所有权、租赁合同和收取租金的权利抵押给银行或财团，以此为其取得贷款的担保，出租人拥有设备的法定所有权。每期租金由承租人交给提供贷款的银行或财团，由其按商定比例扣除偿付贷款及利息的部分，其余部分交出租人处理。

从承租人的角度来看，仍是按合同的规定，在租期内获得资产的使用权，按期支付租金。从出租人角度看，出租人只垫支购买资产所需现金的一部分，租赁收益一般大于借款成本支出，出租人可获得财务杠杆利益。

3. 售后租回融资租赁

售后租回交易也是一种特殊形式的融资租赁，是指卖主（承租人）将一项自制或外购的资产出售后，又将该项资产从买主（出租人）租回，习惯称之为“回租”。通过售后租回交易，资产的原所有者（承租人）在保留对资产的占有权、使用权和控制权的前提下，将固定资产转化为货币资本，在出售时可取得全部价款的现金，而租金则是分期支付的，从而获得了所需的资金；而资产的新所有者（出租人）通过售后租回交易，找了一个风险小、回报有保障的投资机会。

（三）融资租赁的优缺点

1.融资租赁的优点

（1）在资金短缺情况下，能迅速获得所需资产

融资租赁集“融资”与“融物”于一身，融资租赁使企业在资金短缺的情况下还能引进设备。由于其融资与融物相结合的特点，出现问题时租赁公司可以回收、处理租赁物，因而在办理融资时对企业资信和担保的要求不高，所以非常适合中小企业融资。

（2）财务风险小，财务优势明显

融资租赁与购买的一次性支出相比，能够减轻一次性支付的负担，而且租金支出是未来的、分期的，企业无须一次筹集大量资金。还款时，租金可以通过项目本身产生的收益来支付，是一种基于未来的“借鸡生蛋、卖蛋还钱”的筹资方式。

（3）融资租赁筹资的限制条件较少

企业运用股票、债券、长期借款等筹资方式，都会受到相当多的资格条件的限制，如足够的抵押品、银行贷款的信用标准、发行债券的政府管制等。相比之下，租赁筹资的限制条件很少。此外，融资租赁不体现在企业财务报表的负债项目中，不影响企业的资信状况，也不受企业资信状况的影响。

2.融资租赁的缺点

融资租赁也有不足之处，主要表现为资本成本高。其租金通常比银行借款或发行债券的利息高得多，租金总额通常要高于设备价值的30%。尽管与借款方式比，融资租赁能够减少到期一次性集中偿还的财务压力，但高额的固定租金也给各期企业经营活动带来了分期的压力。

第三节　短期筹资方式

所谓短期筹资主要指的是经过不同的手段和方式，如商业信用、短期借款等，严格遵循一定的规律和规则筹集一年内或者不超过一年的一个营业周期的资金。一般情况下多为短期负债筹资，形成企业的流动负债。

与长期筹资方式相比，短期筹资方式总体来说具有以下特点：

①筹资速度快。对于投资者来说，为保证其资金的安全性，往往要对筹资者进行全面的财务调查和财务分析，因而筹资者筹集长期资金所需时间一般较长。

相比长期资金来说，采用短期筹资方式筹集的流动负债由于在较短时间内可归还，不可确定性较小，投资者承担的风险较小，不需要对筹资方进行全面、复杂的财务调查，因而费时较短。所以，短期筹资速度较快。

②筹资具有灵活性。在筹集长期资金时，投资者出于资金安全方面的考虑，通常向筹资方提出一系列的限制性条款，企业经营受到一定程度的约束。短期筹资的相关限制和约束相对较少，企业在资金的使用和配置上会更加灵活、富有弹性。

③资金成本较低。资金成本包括筹资费用和用资费用两部分，投资者索取的资金回报是资金的用资成本。对投资者来说，一方面，由于短期筹资的风险较长期筹资的风险低，因此向筹资方索取的资金回报相对较低，短期筹资的用资成本较低。另一方面，短期筹资手续相对简单，其筹资费用也比长期筹资要少。此外，短期筹资的方式中还有筹资方式几乎是无成本的筹资。如此一来，短期筹资的资金成本通常较长期筹资的资金成本低。

④筹资风险较大。由于短期筹资筹集的流动负债往往需要在短期内偿还，如果债务人在短期内拿不出足够的资金偿还债务，就会陷入财务危机。

一、发行短期融资券

短期融资券作为直接融资方式的一种，是拥有合法法人资格的公司严格遵循既定条件及科学化流程，在银行间债券市场上发行，同时在规定的时间内偿还本金和利息，并且无须担保的一种短期本票。

（一）短期融资券的起源

商业票据其实是短期融资券的起源。商业票据在很早的时候就出现了，并且随着人们的广泛运用，逐渐成为商业信用的工具。商业票据最初是随商品、劳务交易而签发的一种长期付款凭证。一般情况下，卖方持有票据，直至到期日再向买方收取现金；若还未到付款期限，当持有商业票据的企业需要大量的现金时，可以选择向商业银行或贴现公司进行一系列的贴现操作，在此期间它们以其自有资金为保证向持票人贴现。商业银行或贴现公司在贴现操作的过程当中会以票面金额为关键依据扣除利息，其中贴现日期按实际天数计算，贴现日和到期日只算一天，并且把票面余额支付给持票公司。

当贴现票据到期时候，持票人需要持票并且在既定的条件范围之内向付款方合理索取票面款项。基于此，某些投资者通过此种方法来获利，即以现有资金从票据持有者那里合法购买商业票据，并且在票据到期后向付款方收回资金，或于未到期前将票据再次卖出，由新的购买人到期收取款项。20 世纪 20 年代，美国一些大公司发现了商业票据这一特点，便脱离商品交易过程来签发商业票据以筹措短期资金。因为商业票据上不必列明收款人，只需列明付款人，所以商业票据逐渐演变为一种在货币市场上融资的票据。为了与传统商业票据相区别，人们通常把这种专门用于融资的票据称为短期融资券或短期商业债券。

一般来讲，只有实力雄厚、资信等级高的、符合规定条件的大企业才有资格发行短期融资券。由于发行短期融资券向金融市场筹措资金比向银行借款筹措资金方便，利率也低，且不受银行信贷干预，因此自 20 世纪 60 年代以后，此方式得到广泛运用。

（二）短期融资券在我国的运用

在我国，短期融资券的发行主要涵盖了五个关键流程，具体如下：第一步骤为企业经过全方位调研之后做出是否发行短期融资券的科学决策；第二步骤为对其进行公平、公正、公开的信用评级；第三步骤主要是将申请资料提交给审批部门；第四步骤为审批机构对提交的申请资料进行全面审核，并且做出最终的决定；第五步骤为在既定条件下对短期融资券进行正式发行，并获得所需的资金。

我国短期融资券的发行方为非金融企业或者金融行业，其必须具备下列条件：第一，该企业是在中华人民共和国的领土内合法成立的法人实体；第二，有十分稳定的资金来源，可以用来偿还债务；第三，企业资金必须具有很好的流动性，并且在到期后要有一定的偿债能力；第四，通过短期融资券方式获得的大量资金，必须用于公司的生产活动或者经营活动；第五，在过去的三年时间内，企业没有出现任何违规或者违法的行为；第六，拥有非常合理的内部管理结构及资金筹措、使用的偿付管理制度。

我国短期融资券发行和交易的对象是银行间债券市场的机构投资者，不向社会公众发行和交易；由符合条件的金融机构承销，企业不得自行销售融资券；在债权债务登记日的下一个工作日，可以在全国银行间债券市场的机构投资人之间流通转让。

（三）短期融资券的优缺点

1. 短期融资券筹资的优点

对筹资者来说，运用短期融资券进行筹资的成本较低。短期融资券收益率与同期贷款基准利率存在正相关关系，高信用等级券种利息长期低于同期贷款基准利率，与市场上的国库券、可转让存单的利息水平接近，并且没有补偿性余额等规定。此外，由于短期融资券的发行条件比较严格，能发行短期融资券的企业一定是资质较好的企业，因此，发行短期融资券还能提高企业的信誉。

2. 短期融资券筹资的缺点

根据我国目前的规定，中国人民银行主要是对企业发行的融资券进行余额管理，监管机构在这一过程当中仅需确保融资券的待偿余额不超过企业净资产的40%。

这一规定为某些企业避开中长期企业债务提供了机会，这些企业选择通过连续发行短期融资券的方式来进行长时间的融资活动，从而产生了“短债长用”的投资风险。短期融资券的还款灵活性相对较低，企业即便资金有盈余也不可以提前还款，必须在到期之后才可以还款。发行条件严格好比一把“双刃剑”，小企业较难利用这一方式进行融资。

二、经营租赁

（一）经营租赁的定义

经营租赁又称为业务租赁，是为了满足经营使用上的临时或季节性需要而发生的资产租赁。在经营租赁中出租人不仅要向承租人提供设备的使用权，还要向承租人提供设备的保养、保险、维修和其他专门性技术服务。

通常将除融资租赁以外的租赁均归为经营租赁。大多数情况下，对于那些需要专业技术有效维护及技术快速更新的设备来说，经营租赁是一个非常合适的选择。与传统的设备租赁相比而言，经营租赁与其存在一定的区别。

对于出租人而言，他们主要选择多次租赁的方式，将租赁物租给不同的承租人，最终获得相应的报酬，而非在租赁过程当中对所有的成本及利润进行一次性有效获取。因此，在这种情境下，部分学者称经营租赁为“非全额清偿租赁”，把融资租赁称作“全额清偿租赁”。

（二）经营租赁的优缺点

1. 经营租赁的优点

经营租赁与融资租赁一样，能迅速形成生产能力。租赁的设备也是出租人已有的设备，便于企业尽快形成生产能力。随着科学技术的不断进步，若企业自己购买设备，设备陈旧过时的风险很高；而经营租赁期限较短，到期把设备归还出租人，这种风险完全由出租人承担。利用租赁筹资并不增加企业负债，不会改变企业的资本结构，不会直接影响承租企业的借款能力。经营租赁费用可在税前扣除，具有抵免所得税的效用，使承租企业能享受税收上的优惠，相对降低融资成本。

2. 经营租赁的缺点

通过经营租赁筹集资金，虽有一些优点，但也有明显的不足，具体表现为：经营租赁费用占设备价值的比例一般要高于同期银行贷款的利率；经营租赁仅取得租赁资产的使用权，如果资产发生增值（如土地、房产等），承租人无法享受这种增值；由于租赁资产所有权一般归出租人所有，因此承租企业未经出租人同意，往往不得擅自对租赁资产加以改良，来满足企业生产经营的需要。

现实生活中，还有一些“小微企业”的体制虽是企业法人，但一般多为家庭或家族模式，管理不规范，财务账表不能如实反映企业经营情况，且缺乏有效的资产为贷款担保，导致贷款难。这些“小微企业”往往转向民间融资，如向亲朋好友借贷或向民间高利贷者借贷。

民间融资现象在各国均有所不同，但普遍具有“地下经济”特质。筹资成本因情况而异，如企业向亲朋好友借款或许无须支付利息；然而，若选择高利贷，利息可能高昂至难以承受，仅适用于短期“过桥资金”需求，否则将给企业带来巨大风险。

第四节　资本成本

一、资本成本的概念

（一）资本成本定义及其种类

资本成本是指公司为筹集和使用资本而付出的代价，是企业选择资金来源、拟订筹资方案的重要依据。资本成本与货币的时间价值既有联系，又有区别：货币时间价值是资本成本的基础。除此之外，资本成本还包括给投资者的风险补偿。

资本成本按其用途可分为个别资本成本、综合资本成本及边际资本成本三种形式。

个别资本成本是指某种筹资方式的资本成本，如长期借款成本、普通股资本成本、债券资本成本等。一般在比较各种筹资方式时将个别资本成本率作为依据。

综合资本成本是多种筹资方式的个别资本成本的加权平均。在实际中，企业不可能只采用一种筹资方式，而是在不同的筹资环境下利用不同筹资手段。因此在确定一个企业的资本成本和合理的资本结构时通常以综合资本成本为评价依据。

边际资本成本是指新筹集资本的成本。企业一般无法以某一个固定的资本成本来筹集无限的资本，当其筹集的资本超过一定限度时，原来的资本成本就会增加。在企业追加融资时，原有的资本成本不再是决策依据，而应以边际资本成本为决策依据。

（二）影响资本成本高低的因素

1. 总体经济环境

总体经济环境不仅对预期通货膨胀程度起着决定性作用，还对经济当中资本的整体需求及供给有着十分重要的作用，不容忽视。很明显，当通货膨胀率、资金供给及需求发生变化的时候，投资者会按照具体的情况对收益率作出相应的调整。

从这个意义上讲，货币需求和供给、通货膨胀率是宏观经济政策制定和实施的依据。具体而言就是，当货币的需求不断上升，并且资金供应并未随之增长的时候，投资者会依据实际情况增加他们的投资回报收益率，从而导致企业的资本成本的进一步增加；如果货币供应持续性减少，资金的需求却有所增加，那么投资者便会酌情降低其期望收益率，从而降低其资本成本；一旦预期的通货膨胀率持续性提高，则不仅会导致货币的购买力降低，投资者还极有可能提高投资的回报收益率，以此对投资过程中产生的损失进行弥补，从而进一步增加公司的资本成本。

2. 证券市场条件

证券市场的条件主要涵盖了两个方面，其中一个是证券市场的流动性，另一个是证券价格的波动性。当投资者遇到某一证券在市场上的流动水平表现不佳的情况时，他们在购买或出售证券的过程中会面临更大的困难，虽然风险增大，但是也会有更高的回报收益率；若投资者对某一证券存在不小的需求，但是这一证券价格的波动程度不小，那么投资者的投资风险和预期的回报收益率也会随之上升。

3. 企业内部的经营和融资条件

企业内部的经营和融资条件指的是企业在发展过程中遇到的经营风险或者财务风险的大小，其中前者主要指的是企业经过科学与合理投资决策后产生的结果，通常体现在企业的资金收益波动上；后者实际上指的是企业在经过一系列的公正、公开的筹资决策之后产生的结果，并且企业普通股收益率的波动是其主要体现。

企业的经营风险和财务风险与收益率呈比例关系，简单来说就是收益率随着经营与财务风险的变化，产生相应的变化：前者风险增大，后者收益率提高；前者风险降低，后者则收益率减少。

4. 融资规模

融资规模也会在一定程度上对公司的资本成本产生一系列的影响，是不容忽视的重要因素，两者呈正比例关系，即前者越大，则后者的越高。

举例来说，企业资金的占用费用、筹集费用均会随着证券金额的数量增大持续性增加，同时在企业融资过程中证券发行的价格也会随规模的扩大不断下降，最终导致公司资本成本的进一步增大。

二、长期个别资本成本的计算

（一）个别资本成本计算的一般原理

从绝对数量的角度看，个别资本成本主要由两个方面组成，其中一个是筹资费用，另一个是用资费用。前者实际上是公司在筹资中产生的评估费、承销费等各种费用；后者主要指的是企业在使用筹集资本的时候，支付给出资者的股票股利、银行借款等报酬。

资本成本既可以用绝对数表示，也可以用相对数表示，为了便于分析比较，一般用相对数来表示其大小。在不考虑资金时间价值的情况下，其基本的公式如下：

$$K=\frac{D}{Q-F}\times 100\%$$

在上述公式当中，K 代主要指的是资本的成本率；D 主要指的是企业在筹集资金的过程中产生的用资费用；Q 主要指的是企业所筹集的资金总额，即筹资总额；F 表示筹集的资本的筹资费用。

计算个别资本成本时，大多数情况下筹资费用通常在资本筹集时一次性发生，并且在资本获得后的用资期间不会再一次产生，所以就某种程度而言能够将其作为对筹资额的一种扣除。Q-F 可视为筹资净额或有效筹资额，用 $K=\frac{D}{Q-F}$ 而不用 $K=\frac{D}{Q}$ 表明资本与利息率在含义上和数量上有差别，因为借款利息率只含用资费用，不考虑筹资费用，是利息额与借款筹资额的比率。

若考虑资金时间价值的情况下，应根据如下公式进行测算，公式中的折现率即为资本成本率：

$$P_0=\sum_{t=1}^{n}\frac{I}{(1+r)^t}+\frac{P_n}{(1+r)^n}$$

式中，P_0 表示筹资净额（即筹资总额扣除筹资费用），I 表示筹集的资本的年用资费用，P_n 表示筹资总额到期价值，r 表示筹集的资本折现率，t 表示付息（利息或股息）期数，n 表示筹资期限。

（二）长期个别资本成本的计算

1. 长期借款资本成本

长期借款的资本成本包括借款利息和借款手续费。

一方面，长期借款的筹资费用主要是借款手续费。长期借款的借款手续费相对于发行股票、发行债券来说要少得多，当其数额很小时，甚至可忽略不计。

另一方面，由于长期借款的利息可以在所得税前扣除，产生所得税抵扣效应，其实际用资费用应为支付给投资者的借款利息扣除其相应可抵减的所得税。因此在不考虑资金时间价值的情况下，在个别资本基本公式的基础上，长期借款资本成本率可推导为以下形式：

$$K_L=\frac{I_L(1-T)}{L(1+f_L)}\times 100\%$$

在上述公式当中，K_L 主要指的是企业较长时间借款所产生的资本成本率，即长期借款资本成本率；I_L 主要指的是企业较长时间借款所产生的年利息，即长期借款年利息；T 主要指的是企业在借款过程中的所得税率；L 主要指的是企业在较长时间内借款所筹集的资金总额，即长期借款筹资总额；f_L 主要指的是企业在长期借款过程当中的筹资费率。

当筹资费用很小忽略不计时，即表现为长期借款利息率，以 i_L 表示，则公式可以简化为

$$K_L = i_L(1-T)$$

2. 长期债券资本成本

长期债券用资费用是债券的利息。筹资费用产生的方式多种多样，如债券上市费、推销费等。债券的用资费用同长期借款的一样，其利息具有税收抵减效应，但筹资费用要比长期借款高得多，不可能忽略不计。因此，在不考虑资金时间价值的情况下，在个别资本基本公式的基础上，长期债券资本成本率可推导为以下形式：

$$K_B = \frac{I_B(1-T)}{B(1-f_n)} \times 100\%$$

式中，K_B 表示长期债券资本成本率，I_B 表示长期债券年利息；T 表示公司所得税率，B 表示长期债券筹资总额，f_B 表示长期债券筹资费率。

3. 优先股资本成本

优先股的用资费用是优先股股利，大多数优先股选择定期支付固定股利。优先股的注册费用、印刷费用等均属于筹资费用的范畴。由于优先股股利无到期日，股利是从公司的税后利润中支付，不像债券、长期借款等债务资本，其利息不具有税收抵减效应；同时筹资费用与发行债券一样，要比长期借款高得多，不能忽略不计。因此，在不考虑资金时间价值的情况下，在个别资本基本公式的基础上，优先股资本成本率可推导为以下形式：

$$K_P = \frac{I_P}{P(1-f_P)} \times 100\%$$

在上述所述的公式当中，K_p 主要指的是企业优先股的资本成本率；I_p 主要指的是企业优先股一年时间内获取的股利；P 主要指的是企业优先股所筹集的筹资额；f_p 表示优先股筹资费率。

三、综合资本成本的计算

（一）综合资本成本率的概念及其测算公式

企业所有长期资本的成本率是对综合资本成本率这一概念的具体介绍。由于

在计算个别资本成本率的时候，综合资本成本率大多是基于长期资本结构采取加权平均的算法，所以也有部分学者将此种算法称之为加权平均资本成本率。

实际上，个别资本成本率在企业发展的过程当中反映了企业某一时刻在资本市场上的价格，同时资本结构则从侧面说明了企业资本配置方式及效率高低。由此可知，企业的综合成本率高低与否，通常由两个主要因素决定，其中一个是资本结构，另一个是个别资本成本率。

基于上述两种关键因素，在已经全面了解和掌握企业长期资本所占比重及对企业个别资本成本率进行正确计算之后，能够按照相应的公式对企业的综合资本成本率进行精准计算，具体公式如下：

$$K_W = \sum_{j=1}^{n} K_j W_j$$

在上述公式中，K_W 主要指的是企业最终所计算的综合资本成本率，K_j 主要指的是企业所有资本中第 j 种资本成本率，W_j 主要指的是第 j 种资本所占据的最终比重，并且 W_j 具体公式如下：

$$\sum_{j=1}^{n} W_j = 1$$

（二）资本结构及其确定基础

所谓资本结构实际上是指企业在发展过程当中所有资本的价值构成、资本的所占比重及相互之间的依存关系，也可以说是企业在某一特定时间段内以各种合理的方式对资金进行筹集的最终组合结果。无论是不同时期的不同企业，还是同一行业中的不同企业，其资本结构都是完全不相同的，存在一定的差异，原因是不同企业作为独立运营的主体，其有专属的内部管理和治理机制，从而导致不同企业采取的治理模式有较大的差异。

从宏观层面来看，资本结构指的是企业所有资本的构成，以及资本所占比重构成的依存关系；从微观层面来看，其主要指的是企业在发展过程中的所有长期资本的构成，以及长期资本所占比重的依存关系。

由于资本结构涉及多种因素，所以它具有很强的模糊性和不确定性，本章节研究的资本结构指的是微观层面的资本结构。在计算企业综合资本成本率的过程当中，各种资本价值的最终确定对企业的资本结构及各类资本在总资本中的占比有着不容忽视的决定性作用。在确定了各资本所占比重之后，就需要精准计算出各种资本的价值，其中主要的资本价值计量基准有三种：账面价值、市场价值及目标价值。

1. 按账面价值确定资本比例

账面价值即企业资产负债表上显示的各类资本的会计价值。以资本的账面价值计算各种资本的权重比较容易，但是也容易出现资本账面价值和市场价值严重不匹配的问题。

当资本的市场价值与其账面价值存在较大偏差的时候，仅通过账面价值来计算和确定企业的资本比例，是缺少一定的合理性与客观性的。这种做法一方面会对企业综合资本成本率的精准计算产生不良影响；另一方面也对企业在筹集资金过程中的管理决策产生一系列的不利影响，从而影响企业的进一步发展。按照账面价值来确定企业的资本比例，能体现企业过去几年的资本构成。

2. 按市场价值确定资本比例

它主要以市场价值为前提，对企业的债权、股票等资本比例进行确定。以市场机制为基础，对企业的资本比例进行确定，虽然反映了公司实际的资本结构，但由于市场价值不断变动，负债和权益的比例也会不断变动。此种方法能体现现在的资本结构。

3. 按目标价值确定资本比例

它主要指的是以企业确定的未来目标市场价值为基础，对资本比例进行明确。这种权重可选用平均市场价值，回避证券市场价格变动频繁的问题，适用于公司评价未来的资本结构。

在公司筹资实务中，三种方法各有优缺点，不少公司采用账面价值确定资本比例，因其易于使用。此外，无论是哪一种方法都有一个共同的特点：在个别资本成本率一定的情况下，资本结构企业决定了综合资本成本的高低。

（三）边际资本成本的计算

通常情况下，企业在筹集资本的时候，并不能仅通过某一固定的资本成本产生源源不断的资本，并且因为资本结构的差异性，最终获得的资本成本也存在一定的区别。一旦企业筹集的资本超出预期的界限，那么企业资本成本就会上升。当公司进行额外的融资活动时，投资者应该全面掌握和了解融资额度在何种程度上，会直接影响企业资本成本，并且要求投资者通过边际资本成本来作出更加合理、科学的决策。值得一提的是，边际资本成本的衡量大多数情况下以边际资本成本率为依据和基础，同时也代表了企业新增加 1 元资本应该承担的综合资本成本。

第五章　企业财务管理中的营运资金管理

21 世纪是知识经济迅速发展的时期，企业中知识资本的转化及其通过实践创新而生产的新产品，可为企业带来丰厚的收益。企业财务管理在这个信息化的时代对企业发展起到了至关重要的作用。本章内容为企业财务管理中的营运资金管理，论述了营运资金管理概述、现金管理、应收款项管理、存货管理、流动负债管理。

第一节　营运资金管理概述

一、流动资产的概念及其分类

（一）流动资产的概念

经过诸多优秀专家的不断研究和全面探索，流动资产被定义为企业在一个较长营业周期或者一年内成功变现或者能够运用的企业资产，它是企业资产中必不可少的组成部分。

流动资产在周转过渡过程中，从货币形态开始，依次改变其形态，最后又回到货币形态（货币资金→储备资金、固定资金→生产资金→成品资金→货币资金）。在这个过程中各种形态的资金与生产流通紧密结合，周转速度快，变现能力强。加强对流动资产业务的审计，有利于确定流动资产业务的合法性、合规性，有利于检查流动资产业务账务处理的正确性，揭露其存在的弊端，提高流动资产的使用效益。

（二）流动资产的分类

与非流动资产相比，流动资产具有周转速度快、变现能力强、财务风险小等特点。流动资产按占用的时间长短分为永久性流动资产和波动性流动资产。

1. 永久性流动资产

永久性流动资产是指满足企业在一定时期内生产经营最低需要的那部分流动资产，如企业保留的最低库存、生产过程中的产品等。这部分资产与固定资产相比，有两个相似方面：一是尽管是流动资产，但投资行为是长期性的，且投资的金额相对稳定；二是对一个处于成长过程的企业来说，流动资产与固定资产一样会随时间的推移而增长，但流动资产不会像固定资产一样一直停留在原地，其具体形态在不断地变化与转换。

2. 波动性流动资产

波动性流动资产是指随生产的周期性或季节性需求而变化的流动资产，所以也称临时性流动资产。

二、流动负债的概念及其分类

（一）流动负债的概念

流动负债或者短期负债，主要指的是在企业发展过程中的一个较长营业周期或者一年内，以各种合理的方式努力偿还的债务。其中应交税费、预收账款等均属于该范畴。

（二）流动负债的分类

1. 按照清偿手段分类

（1）货币性流动负债

短期借款、应付票据等均属于货币性流动负债。企业一般用货币资金的方式对流动负债进行偿还。

（2）非货币性流动负债

非货币性流动负债，如预收账款、其他应付账款等，皆为企业在偿还流动负债的时候采用的非货币资金形式。

2. 按照清偿金额是否确定分类

第一类流动负债是债权人、偿还日期或者应该偿还的已经明确的金额流动负债，应付票据等就属于该范畴。

第二类是按照企业经营情况来确定的金额流动负债。此处主要指的是债权人、偿还日期等因素的确定。企业负债的具体数额应该以其发展和经营活动中产生的营业额或者销售额来进行精准的明确。

第三类是企业流动负债的金额取决于或有事项是否成立。

3. 按照产生的方式不同分类

第一类是由筹资活动所产生的流动负债，主要包括企业从金融机构借入的资金产生的流动负债。

第二类是企业在日常一系列经营或者生产活动当中产生的流动负债，主要包括应交税费、应付账款等。

第三类是企业在对所获净利润进行合理分配期间产生的流动负债。

三、营运资本的概念

所谓的营运资本主要指的是企业在日常运营过程当中流动资产与流动负债两者之间的差值。由于企业都是独立运营的主体，在多个方面存在不同，流动资产和流动负债也不例外，这就导致了企业运营资本之间存在不小的差异。

营运资本被诸多学者视为衡量财务风险的关键指标，它通常有说明企业流动资产和负债匹配程度的作用。企业的流动资产、流动负债，在某种程度上和企业的营运资本存在非常密切的关系：一旦企业流动的资产大于负债，那么企业营运的成本就是正数，同时也意味着流动资产除了运用全部流动负债作为资金来源外，还运用了部分长期资金，财务风险较低；如果流动资产小于流动负债，则营运资本为负数，说明流动负债除了部分用到流动资产上外，还被用到了长期资产上，出现所谓的“短债长投”，财务风险较高；如果流动资产等于流动负债，则营运资本为 0，说明流动负债刚好全部用到流动资产上，形成一一对应关系，财务风险适中。

四、营运资本政策

通常情况下，企业的营运政策会影响流动资产对筹资来源的选择。企业流动的资产同负债之间的匹配程度也受营运政策的影响。随着企业营运资本的减少，企业资产收益虽然会随之增加，但其流动性会受到一定的影响；相反，企业营运资本增加的时候，企业的资产收益虽然会有所下降，但是其流动性会呈现缓慢上升的趋势。因为公司的类型多种多样，所以在营运资本方面存在不同，在营运政策方面也会存在差异。通过上述内容可以知道，企业在制定营运资本政策的过程当中应该尽可能在流动性及收益性两者之间找到平衡点。除此之外，企业在对营运资本政策进行深层次探究的时候，应该对企业流动资产及负债之间的联系进行全方位综合思考。对于临时性流动资产和永久性流动资产的资金来源安排，我们通常能够将其分类为三大策略，具体如下。

（一）配合型筹资策略

它利用临时性的企业流动负债筹措的资金，进一步满足企业实际的资金需求。被统称为永久性资产的永久性流动资产和固定资产（以下统称为永久性资产）可以通过长期负债、自发负债和权益资本来筹集所需的资金。

在企业的营运资本政策采用配合型筹资策略的过程当中，应该对临时性的负债筹资计划进行重点强调，确保其严格性的同时，也让企业预先设定的计划同现金流动保持一致。企业在进入季节性经济低迷时期时不应该承担其他的流动性负债，只需要承担相应的自发性外债；一旦企业的临时性流动资产需求达到最高峰的时候，应该通过不同的方式合理借用短期债务。

这一筹资方法的核心理念是结合资产和负债，目的是尽可能减少企业无法偿还到期债务的风险，最大限度地降低企业债务的资本成本。然而，因为企业固定资产实际使用寿命的影响，企业资产和负债之间无法完成较高程度的匹配。如果企业能在其营运过程中严格按照自身实际发展状况对资产结构、增加负债项目等进行灵活调整，则企业能够获得较大收益。由此可知，企业采用此种策略，对资金的使用有着较高的要求。

（二）激进型筹资策略

该策略的显著特征在于企业的临时性负债使临时性流动资产及部分永久性流动资产的大量资金需求得到充分满足。

采用激进型筹资策略的时候，企业临时负债总额会在经营业务规模持续性扩大的影响下增加，并且企业财务杠杆水平也有所增大。

通常情况下，企业的临时性负债资本成本并不会高于企业的权益资本成本，也不会高于企业的长期负债成本。在企业采用激进型筹资策略时，企业的临时性负债在所有的资金中占比较大，在其影响下企业的资金成本并不会太高。众所周知，企业开展经营活动具有一定的连续性。为了使永久性资产的长期资金需求得到充分满足，企业可以通过短期临时负债的方式来维持长期资金需求。由于需要在临时到期之后，重新借款或者申请将债务期限延长，容易因企业频繁地借款及偿还债务，导致企业的筹资难度和风险增大，甚至还会因为企业短期负债利率的波动，对企业的资本成本产生不利影响，最终导致企业经营风险增大。由此可知，该策略作为营运资本政策的一种，无论是风险性还是收益性均相对偏高。

（三）稳健型筹资策略

该策略的显著特性在于企业的临时性负债实际上是对企业的一些临时性流动资产进行有效融通的资金需求，并且剩余的临时性流动资产及永久性资产的资金来源主要是自发性负债、长期负债等。

企业在采用稳健型筹资策略时，因为企业临时性负债在全部资金中所占比例不高，因此有能力偿还短期债务，风险也相对不高。除此之外，在资本成本方面，由于临时性负债低于长期负债，再加上即使在经营的淡季，企业也需要支付长期负债的利息，最终导致企业收益的减少。因此，当企业想要采用一种较低风险的营运资本政策的时候，可以选择稳健型筹资策略，需要注意的是该项策略的回报和收益也相对偏低。

第二节　现金管理

一、现金管理的目标与内容

（一）现金管理的目标

1. 持有现金的动机

（1）支付性动机

支付性动机指的是企业在营运过程当中为了确保日常交易的基本需求得到充分满足而持有一定数量现金的行为。现金的存在便于企业支付股利、缴纳税款等。

在日常运营的过程中，企业为了达到自身利益最大化的最终目标，每日的现金流入和流出，无论是在时间方面还是在数量方面均有所不同。所以，企业为了进一步确保日常交易能够顺利进行，促进自身发展，应该储备一定数量的现金储备。同时，企业持有现金数量的多少，会对企业是否可以按时缴纳税款、支付股利等产生直接性的影响。通常情况下，企业的生产规模和经营规模对企业持有的现金数量起着决定性的作用，可以说两者呈正比例关系，规模越大，企业持有的现金数量就越多。

（2）预防性动机

预防性动机指的是企业为了更好地应对自然灾害、生产事故等突发事件而持有一定数量现金的行为。市场发展和企业自身经营状态均在一定程度上对企业持有的现金流量产生较大影响，导致企业很难对其进行精准预测，所以在保持正常现金持有量的前提下，企业十分有必要增加额外的现金储备，以便能够从容应对突发事件。

（3）投机性动机

它主要指的是企业为了获得更高、更多的收益而持有的现金流。举例来说，企业拥有充足的现金流就能够把握收购低价原材料等采购机会。企业持有的投机性现金流量的规模不仅取决于企业对投机行为的态度，还取决于市场投机机会的多少。

2.现金的持有成本

它主要指的是企业持有充足的现金所放弃的报酬，是持有现金的机会成本。现金的成本主要由以下四个部分构成。

（1）机会成本

机会成本是企业由于持有现金的直接影响而失去的再投资收益。在财务理论中机会成本是一个非常重要的概念，不容忽视。当企业持有一定数额现金时，可能会失去其他方面的投资收益。

机会成本同企业持有的现金数量是正相关的关系，简单来说就是企业持有的现金流越多，机会成本在其影响下也就越高，因此企业在对现金持有量进行决策的时候，必须综合考虑机会成本的问题。另外，现金的机会成本能够通过有价证券的收益率来进行评估。

（2）管理成本

管理成本是企业在营运过程中由于持有特定数量的现金，需要对其进行专门的管理，从而产生的各种管理开销费用。固定性是现金管理成本的特点之一，并且在某些特定的现金余额区间当中，现金管理成本同企业持有现金数量之间的联系并不显著。

（3）转换成本

转换成本是企业在实际营运过程中用现金购买有价证券或者通过转让有价证券的方式来换取现金的过程中所产生的一系列交易费用。具体而言就是有价证券和现金两者之间有效转换过程中产生的成本。委托手续费、证券过户费等均属于该范畴。企业的现金需求量与证券变现之间存在十分紧密地联系，在已经确定的现金需求量前提下，现金持有量和证券变现呈反比关系，也就是前者越少，后者次数越多，同时两者之间转换的成本也随之增加；相反，则越小。

（4）短缺成本

短缺成本是企业由于持有的现金数量不足，并且不能通过有价证券及时变现的方式来进行有效弥补，从而给企业带来的各种直接和间接损失。企业持有的现金量与短缺成本同样存在不可分割的密切关联，两者之间存在反方向变动的关系。

3. 现金管理的核心目标

现金是一种非营利性资产，现金持有量过多，会降低企业的收益；但现金持有量过低，又可能导致现金短缺，不能满足企业生产经营需要。因此，现金管理的核心目标就是借助各种合法的手段和方式找到提高收益和降低营运风险之间的平衡点。进而一方面确保企业在开展生产活动和经营活动的过程中有充足的现金支持，并且在此基础上努力做到节约现金及降低企业对其持有量；另一方面对闲置现金进行充分利用，将其用于各种投资，从而获取更多的投资回报。

（二）现金管理的内容

现金管理的主要内容包括：①编制现金预算；②确定最佳现金余额；③现金的日常管理。

1. 编制现金预算

作为企业财务预算的核心部分，现金预算可以说是现金管理中的关键环节。企业的现金预算必须以现金流动为依据，反映企业现金收支情况和资金营运效益状况。要将对企业现金流量的合理预估作为企业现金预算编制的基础。合理预估企业现金流量的主要目的是利用现金预算规划现金收支活动，充分合理地利用现金，提高现金的利用效率。

编制企业现金预算的方法有两种，其中一个是调整净收益法，另一个是现金收支法，这里主要介绍现金收支法。采用现金收支法编制现金预算的步骤如下：

首先，借助科学、有效的方法对现金流入量进行精准预测。

其次，企业在合法的范围内通过各种合理的方法对现金流出量进行预测。

最后，根据现金流入量和流出量的预测结果确定企业的现金余缺。其中，现金余缺是指计划期现金期末余额与最佳现金余额（又称理想现金余额）相比后的差额。如果期末现金余额大于最佳现金余额，说明现金有多余，应设法进行投资或偿还债务；如果期末现金余额小于最佳现金余额，则说明现金短缺，应进行筹资予以补充。

2. 确定最佳现金余额

为了实现现金管理的目标，需要根据企业对现金的需求情况，确定最佳现金余额。确定最佳现金余额的方法很多，但常用方法有以下三种。

（1）现金周转期模式

现金周转期模式是基于现金流转的视角，以企业的现金周转速度为基础，对企业的理想现金余额进行明确的方法。实际上，因为各种因素的一系列影响，现金周转期存在不固定性。企业采用现金周转期模式来确定最佳现金余额时主要包括三个环节，具体如下：

首先，企业对现金周转期进行精准计算。

其次，企业对现金周转率进行科学计算。

最后，基于以上数据结果，企业对最佳现金余额进行计算。

（2）成本分析模式

成本分析模式是一种依据与现金相关的成本，对总成本最低时候的现金余额进行综合评估的方式。成本分析模式以现金流量为基础，同时对企业的全部现金活动进行划分，并为每一类型的活动分别建立数学模型，通过模型求解出现金最佳余额。因此，企业采用成本分析模式的时候，想要对现金的最佳余额进行明确，只需要对持有现金数量形成的短缺成本和机会成本进行分析即可。企业的现金持有量同短缺成本存在十分密切的联系，两者呈反比例关系。现金的持有成本与持有量也存在一定的关联，如图 5-2-1 所示。

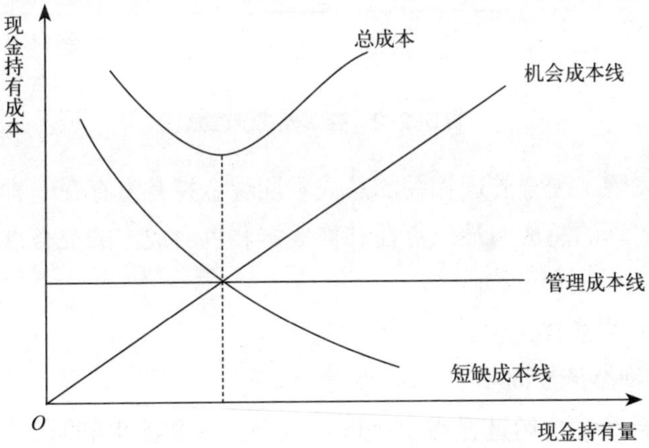

图 5-2-1　成本分析模式示意图

我们可以看出来，因为各种成本与现金持有量之间的变化关系存在差异，总成本曲线呈现出一种抛物线的形态。在总成本曲线的最低点，与此对应的现金持有量就是企业最理想的现金持有量，并且总成本也是最低的。

（3）存货模式

存货模式是一种把存货经济订货批量模型原理灵活应用于明确目标现金持有量的手段和方法，主要关注点是使现金相关成本的总和最小。

企业在使用存货模式对最佳现金持有量进行精准计算的过程当中，可以忽略现金短缺成本，仅需对现金转换成本及机会成本进行重点关注和强调。企业的现金持有量和转换成本、机会成本存在密切的关联（如图 5-2-2 所示）。现金持有量与转换成本与机会成本的总和呈反比例关系，所以可以确保转换成本以及机会成本的总和，保持现金持有量长时间处于最低的状态，简单来说也就是企业的最佳现金持有量。

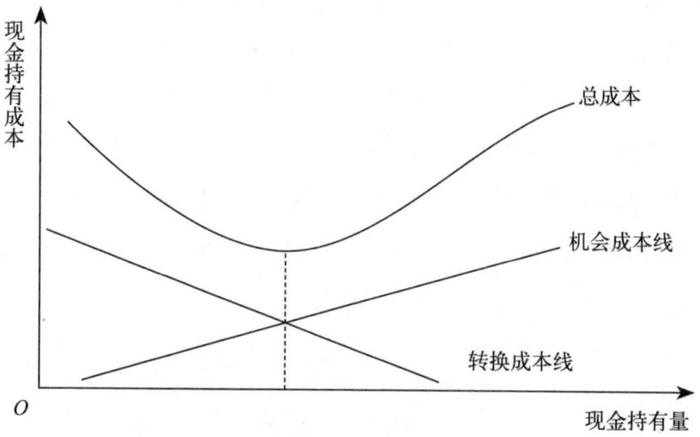

图 5-2-2　存货模式示意图

我们可以发现，现金管理相关的总成本同现金持有量存在一种凹形的曲线关系。企业现金管理的总成本最低点在转换成本和机会成本的交合点，这也是最佳现金持有量。

3. 现金的日常管理

（1）力争现金流量同步

如果一个企业在营运过程当中确保其现金流入和流出的时间尽可能地同步，那么就能保证企业持有的交易性现金余额保持在最理想的低水平状态，也有的学者将其称为现金流量同步。

（2）使用现金浮游量

当企业出具支票时，收票者会收到该支票，并将支票存入合作的银行，然后合作的银行会从企业的账户之中把款项划出去，应该注意的是这一过程并不是瞬间完成的，需要一定的时间。在此期间，现金的使用总量被称作现金浮游量。

若企业有一笔货币资金没有及时支取，则将其称之为活期现金浮游量。尽管公司在这一时期内已经出具了支票，但是这部分资金仍然可以在活期存款账户中使用。银行应严格按照企业开出的支票金额及实际支出情况，对现金浮游量进行精准计算，同时在运用现金浮游量的过程当中，务必谨慎控制使用时长，如若不然极有可能导致银行透支。

（3）加速收款

加速收款主要是指减少应收账款的处理时间。当应收账款发生时，企业的资金占用也会随之增加，这是无法避免的，原因在于应收账款不仅能够提高销售的收益，还能够使企业销售规模进一步扩大。加速收款最大的难点在于企业营运过程当中对应收账款的灵活运用，要做到减少收款时间的同时引起更多客户的关注。因此应该积极寻找平衡点，同时采取适合企业营运的收账策略。

（4）推迟应付款的支付

推迟应付款的支付意味着企业营运过程中在不损害自身声誉和良好形象的情况下，对供货方提供的信用优惠进行运用，从而实现对应付款支付时间延后的目的。这种做法一方面使企业减少了因为资金紧张而产生问题，另一方面还使企业的销售收入和利润得到进一步增加。若企业在营运中急用大量的现金，可以选择直接放弃供货商提供的折扣优惠，在应付款信用期限的最后一天支付即可。不可忽视的是，企业采用此种策略应对急需现金及折扣优惠时需要进行综合考虑，权衡利弊，以尽可能降低企业成本。

第三节　应收款项管理

一、应收账款的功能与成本

（一）应收账款的功能

1. 促进销售

企业面对市场的激烈竞争，利用赊账销售的策略为客户提供一定的商业信誉，一方面有助于企业产品销售额的增加，另一方面还可以使企业产品在市场中的占有率得到进一步的提升。客户在这一过程当中能够获得企业的商业信用，从另一个角度看就是客户获得一笔零利息的贷款，对客户而言有着非常大的吸引力。

2. 减少存货

通常情况下，同存货的存储和保管费用进行对比，企业应收账款产生的开销费用相对偏低。企业通过赊销的方式，将产品销售出去，把存货转化为应收账款，可以减少存货占用，加速存货周转。

（二）应收账款的成本

1. 机会成本

它是指企业将资金投入应收账款中，放弃其他收入的机会。在计算过程中，资本成本一般可按有价证券利息率计算，平均收账期是各种产品的收账期以各种产品销售比重为权数计算的加权平均数。

在上述分析中，假设企业有剩余生产能力，此时信用销售所需的投入只是随产销量增加而增加的变动成本，固定成本总额不变。如果企业现有生产能力已经饱和，此时信用销售所需的投入就是全部成本，应收账款占用的资金就等于应收账款平均余额。

2. 管理成本

它主要是企业在日常营运中管理应收账款期间产生的各项费用总和。应收账款的管理水平在某种程度上对企业的资金周转有着较为直接的影响，若管理不当，严重的情况下会导致企业资金链的断裂，使其产生巨大的经营风险，也正是因为如此，企业应该不断加强对应收账款的科学化管理。全方位调查客户资信过程中产生的费用、追讨因拖欠账款产生的各种开销等均属于该范畴。

3. 坏账成本

它是无法对企业的应收账款进行及时收回，从而导致坏账产生的一种企业损失，它会导致企业损失利益，即坏账损失。应收账款的数量和坏账成本有不可分割的联系，两者之间呈现一种正比例关系，也就是说应收账款数量越多，则坏账成本也随之增加。

二、应收账款的日常控制

（一）应收账款的事前控制

事前控制是应收账款控制的首要环节，其目的是将未来可能发生的信用风险控制在事前，以防患未然。

1. 信用调查

对客户的信用情况进行调查，调查内容包括客户的付款历史、产品的生产状况、公司的经营状况、财务实力的估算数据、公司主要所有者及管理者的背景等。

信用调查的方法大体上分为两类：一种方法是直接调查，另一种方法是间接调查。现如今在我国开展的各种信用评估活动中直接调查和间接调查占据了十分重要位置，并且大量优秀学者和专家对其进行了深层次的研究和探索。其中，前一种方法，就字面意思来看，就是有关调查人员同被调查的单位直接以面对面的形式进行沟通和接触，并且采用不同的方式收集信用资料，如询问、记录等；后一种方法是通过对被调查单位保存的原始记录的有序整理与加工，获取相关信用信息。原始记录资料的信息来源主要有银行、信用评估机构和其他部门，其他部门包括财税部门、工商管理部门、企业的上级主管部门、证券交易部门等。

2. 资信分析

对客户的资信分析是在信用调查的基础上，通过信用“5C”[品质(character)、能力(capacity)、资本(capital)、抵押品(collateral)、条件(conditions)，以下简称5C]分析法来进行分析的，具体如下：

品质，是指客户履行其偿债义务的态度。这是决定是否给予客户信用的首要因素，也是“5C”中最主要的因素。

能力，是指客户偿付能力。其高低取决于资产特别是流动资产的数量、质量(变现能力)及其与流动负债的比率关系。

资本，是指客户的权益资本或自有资本状况，代表客户的财务实力，反映客户对其债务的偿还能力。

抵押品，是指客户为取得信用而提供的抵押资产。

条件，是指客户所处的社会经济条件，即社会经济环境发生变化时，其经营状况和偿债能力可能会受到的影响。

（二）应收账款的事中控制

1. 应收账款追踪分析法

为了如期、足额地收回销售货款，赊销企业有必要在收账之前对该项应收账款的运行过程进行追踪分析。分析的重点应放在赊销商品的销售与变现环节。客户以欠账方式购入商品后，迫于获利与付款信誉的动力与压力，必然期望商品尽快售出。如果客户的期望能顺利实现，又具有良好的信用品质，则企业一般能如期、足额地收回客户欠款。

企业对应收账款进行实时追踪，并且展开全方位的分析，一方面能够促使赊销企业对坏账风险进行更加精准地预测，另一方面还能够按照收集的数据结果对收账策略进行深入研究与科学制定，从而在和客户沟通和交流的过程中更加有“底气”，最终使企业的收账效率得到较大幅度提升的同时，尽可能地减少坏账产生的诸多损失。除此之外，企业还能够借助对应收账款的实时追踪和深入分析，及时发现并且顺利解决在管理应收账款过程中遇到的问题，更好应对市场变化，提升自身在市场中的综合竞争力。需要注意的是企业在管理应收账款的时候应该对客户进行类型划分，以便针对不同的客户类型，采取与其相对应的策略，从而使产生的应收账款得到有效收回。对于赊销企业而言，并不需要追踪和分析全部的应收账款，大多数情况下只需要关注金额数量较大或者信用较差客户的应收账款。同时，也可对客户的信用品质与偿还能力进行延伸性调查与分析。

2. 应收账款账龄分析

它主要对应收账款账龄的结构进行深入分析和详细研究。应收账款账龄长或短，对企业的经济效益及资金周转速度有直接的影响，所以企业应该不断加强对应收账款的有效管理和控制。应收账款的账龄结构描述的是企业在特定的时间点，严格根据开票的日期，有序整理与分类产生的应收账款，同时以此为基础对各账龄应收账款在总余额中所占的比例进行精准计算。

（三）应收账款的事后控制

1. 制定合理的收账策略

企业收账的数量、坏账比例等，均与企业收账策略的实施有直接的联系。若企业在管理应收账款中实施“积极”策略，那么极有可能会导致企业收账费用及坏账成本的进一步增加；反之，若企业在管理应收账款期间实施“消极”策略，那么有可能会减少和降低收账费用和坏账成本。由此可见，企业应收账款的收账费用同坏账成本存在一种联系，两者之间有一种非线性的反比例变化关系。企业在确定收账策略的时候，应该对实施不同收账策略所带来的成本与收益进行权衡利弊、综合考虑。

2. 确定合理的收账程序与讨债方法

催收款项的标准流程如下：第一个步骤是通过书信的方式通知对方，即信函通知；第二个步骤是通过电话的方式催收；第三个步骤是安排人员进行面对面的交谈；第四个步骤是借助法律的力量，开展后续的法律行动。基于此，企业在管理过程中应该深入探究坏账出现的背后原因，选择合适的追债方式。

通常情况下，客户拖欠款项的主要原因可以分为两种。第一种情况是客户有能力偿还，然而却出于个人利益的考虑故意拖欠。第二种情况是企业无力偿还，也就是企业在营运期间，由于管理不当，导致财务问题的出现，从而在债务到期的时候没有足够的资金偿还债务。

3. 建立有效的应收账款管理制度

①建立坏账准备金制度。按规定计提坏账准备金是企业风险自担的一种制度，也是应对应收账款坏账风险的方式。

②建立应收账款绩效考核制度，把应收账款周转率、应收账款回笼率指标落实到部门和个人，将其管理业绩与奖惩挂钩。

以上三个阶段可以简单地概括为信用管理的“防、控、救”，即事前要防，事中要控，事后要救。其中，事前如何做好防控是信用管理关键环节。

第四节　存货管理

一、存货的含义和作用

（一）存货的含义

存货是企业在正常开展的日常运营活动中持有的各种材料、产成品等。存货是制造业企业经营活动非常重要的组成部分，同时还是生产活动的必备条件，通常包括各类燃料、原材料等。存货在商品流动企业中同样是不可忽视的存在，通常有商品、材料物资、低值易耗品、包装物等。在企业中，存货不仅品类繁多，而且所占用的资金数量也很大，一般占企业资金总量的30%～40%。因此，企业存货所占资金利用效果如何，对企业的财务与经营状况将有很大的影响。因此，加强存货管理，在存货管理的功能与成本之间权衡利弊，运用科学的方法来确定并保持存货的最优水平，以使这部分资金得到最经济合理的使用，就成为企业经营管理必须研究的重要问题。

（二）存货的作用

存货对于企业至关重要。它不仅有利于企业生产运作很，而且有助于满足顾客需求。一般来说，存货有以下四种作用。

1. 节约订货费用和采购成本

企业在每次订货的过程中，都会发生一定的订货费用，如资料信息的收集整理费用、电话通信费用、采购人员的差旅费等。在企业的年需求总量既定的前提下，大批量订货可以减少年订货次数，节约订货费用。同时，大批量订货可以获得一定的数量折扣，降低采购成本。

2. 避免不确定因素影响，保证生产经营过程顺利

在企业的生产过程中，存在大量的不确定因素，会对整个生产过程产生严重的影响，可能导致生产过程暂停或中断，使企业面临无法及时交货的困境。此时，一定量的存货储备是十分必要的。例如，当供应延迟或中断（罢工、恶劣的天气和企业破产等都是引起供应中断的不确定性事件）时，原材料和零配件等缓冲存货的存在可确保生产的顺利进行。此外，考虑到生产过程会产生大量的不合格产品，公司为了满足顾客的需求，会按照超出需求量的生产量组织生产。同样，为保证顾客供应和生产供应的连续性（即使是在某台机器出故障，生产量下降的情况下），也需要一定的缓冲存货。

3. 平滑生产需求

季节性需求模式下的企业总是在淡季积累库存，满足特定季节的过高需求，这种库存称为季节性库存。加工新鲜水果蔬菜的公司和生产季节性商品的企业都会涉及季节性库存。

4. 避免价格上涨等不利因素的影响

当公司预测到实际物价要上涨时，为避免增加成本，就会以超过平时正常水平的数量进行采购，储存多余商品的能力也允许公司利用更大订单获取价格折扣。

二、存货管理方法

（一）ABC 库存分类管理法

对某些大中型企业，如果其存货品种繁多，且数量、价格上差别比较大时，对其存货可以考虑用 ABC 库存分类管理法进行管理。ABC 库存分类管理法认为，尽管企业内的部分存货数量有限，但是每一件存货的价值和作用都是非常大的，如果管理不当，可能会给企业带来很大的经济损失，因此对价格较高的存货进行有效的管理是非常必要的。同样的，企业内部的某些存货尽管种类众多，数量巨大，但其总金额占存货总金额的比重较小，企业在管理此类存货的时候即使出现问题，也会因为企业存货数量较多且所占资金比重比较小，并不会影响企业生产

和营运。所以，站在经济层面和人力、物力、财力的有限性角度看，企业应该对不同的存货给予不同程度的关注。ABC 库存分类管理的核心在于帮助企业明确存货优先级，对优先级较高的存货进行侧重和强调，从而进一步提高企业存货资金的管理效益。

ABC 库存分类管理法的具体操作通常分为以下几个步骤。首先，按一定的标准将企业的存货分类。分类的标准主要有金额标准（主要是年平均耗用总额）和数量标准。例如，先将企业各种存货按其单位成本、数量、年平均耗用总额（其中，年平均耗用总额 = 全年平均耗用量 × 单位成本）分类。其次，按照一定金额标准把它们分成 A、B、C 三类。其中 A 类存货单位价值高、数量少，这类存货一般只占用年耗用总数量的 10%，其价值占年耗用金额的 70%；B 类存货单位价值一般，品种数量相对较多；C 类存货品种、数量繁多，但是价值金额很小，金额比重只占年耗用金额的 10%，但占年耗用总数量的 70%。例如，一个拥有上万种商品的百货公司，精品服饰、皮具等品种虽然不多，但是价值很高；服装、鞋帽箱包等大众化的商品虽然种类繁多，然而其价值却远低于 A 类商品。

A、B、C 各类存货分类划定以后，就可以针对不同存货实行不同的管理策略。鉴于 A 类存货在企业资金中占据了较大比例，所以只要可以对 A 类存货进行科学的管理与有效控制，则出现较大问题的概率就不会太高。对 A 类存货要实行分品种重点管理，即列出每一种存货详细的数量、单价情况，严格按照事先计算确定的数量和时间进行订货，使日常存量达到最优水平，同时对每件存货的订购、收入、发出、结余情况都详细登记。与 A 类存货相比，B 类存货的数量相对较多。因为企业缺乏科学管理和有效控制每种存货的相关能力，所以在管理的过程当中企业需要通过划分存货类别的手段，对其进行有效管理和控制，同时以这些类别来控制存货收发数量和金额。C 类存货对比 A 类和 B 类的存货，品种和数量虽然非常多，但是金额在总金额中所占比例并不高，所以企业在管理中只需要对 C 类存货的金额总数有所掌握即可。

（二）JIT 管理和零存货控制

1.JIT 管理产生的背景

全球的汽车制造行业在 20 世纪中叶之前普遍使用的生产策略是一种福特式的总体动员、提高生产准备成本的大批量模式，它主要是依靠大规模和专业化来提高生产率，同时利用成本优势，帮助企业获得较大的规模效益及可观的利润。然而随着经济全球化趋势的不断加深，管理生产呈现出异质性和多样性的特点，并且将“福特式”传统生产模式的不足之处充分展现了出来。一方面，技术进步缩短了产品的生命周期，使得产品品种不断丰富，市场需求也向多品种、小批量转变，这对大批量生产、高生产准备成本的国内公司形成了巨大的挑战。另一方面，市场竞争已经突破了国家的限制。运输和通信手段的进步，推动全球竞争市场的形成，外国公司将高质量、低成本并且各具特色的产品推向市场。这促使本国公司在追求提高产品质量、增加品种的同时，还要积极降低总成本。

日本丰田汽车公司的大野耐一在这样的大背景之下，逐渐认识到应该实施与不断变化的市场需求相适应的生产策略。经过全方位调查和详细研究，他发现了一种将单件生产优势巧妙地与批量生产优势相结合的全新的生产方式。此种生产方式即便是在多品种、小批量的混合生产的环境当中，依旧可以实现高品质、低消耗的生产，有学者将此种生产模式称之为适时生产（Just In Time，简称JIT）。企业在管理存货的过程当中，可以快速适应市场的需求变化，从而在市场中获得竞争优势。适时生产提升了日本的汽车制造行业的经济效益，推动了该行业的发展，很多企业受其影响，将其视为通向成功的关键。此种生产模式之后在全球范围内得到了更多的宣传和运用。

2.JIT管理的基本理念与零存货管理

传统生产属于推压式生产，各项生产活动从购入原材料开始就被推动着通过整个生产系统。完成某一工作职位的任务后，就会形成一定的产出物，之后就会被转移至下一个工作岗位，正式进入下一道工序，或者进入最后操作阶段，被移入产成品仓之中。推式系统实际上是一种以时间为基础的生产管理过程，在这一系统当中，上一个工作结束之后，会自动进入下一道工序，即使下一工序没有做好充足的准备也依旧会进入，所以极有可能出现的情况是工作堆积。质量问题、设备故障等均可以导致工作安排进度落后，出现工作堆积的情况。

在适时生产环境下，这一过程倒了过来。适时生产系统主张生产应由现在的需求拉动。在市场环境中，产品的需求是企业生产活动的指引，下一个生产环节的需求与上一个环节的供应应该是一致的，产品需求对企业的生产过程起到十分重要的拉动作用。企业在生产过程中采用此种方式，一方面能够通过对自身生产计划的持续性调整，来快速适应市场需求的变化，从而适应市场环境；另一方面，生产过程中比较隐秘或者难以发现的问题，可以被及时发现，并且得到有效的解决，同时企业对各种生产物资的管理，能够借助自动化实现，不需要依赖传统的报表、单据等。另外，对产品质量及生产过程的监控，可以由生产工作人员直接复制，而非仅由生产调度及质检部门复制，这样可以使产品质量得到更有效地监控。

零存货是适时生产的一个显著特征。事实上，存货不仅被视为一种浪费，而且被认为与公司的竞争能力直接相关。公司如果持有大量存货，则表明存在应引起重视的问题。当企业存货水平较高的时候，这通常表示产品的质量不高、有着较长的提前期，也表示企业在及时、快速处理其他事务上的表现不佳。JIT 存货管理为公司提供了一种解决问题的备选方法，这种方法并不要求保持大量的存货，在这种理念指导下的 JIT 存货管理，核心目标是在合理的范围内通过不同的手段和方式，努力做到最小化库存或者零库存。这一生产系统是尽可能避免只增加企业生产成本，不增加产品价值的具体过程，简单来说就是使企业存货始终保持在最低水平，无论事务量还是空间占用率均是最小的，尽可能地减少浪费，在充分保证满足客户需求和保持企业正常运作的重要前提下，最大限度地减少库存。JIT 系统的适时生产核心是无中断倾向的，系统具有一定的备柔性，是一个十分和谐的系统。

3. 保证 JIT 管理的措施

为保证企业的 JIT 顺利进行，停产、物价变化、废品的情况要尽量避免，因此在综合预防性维修和全面质量管理的过程中，JIT 必须在每个环节做好以下几项工作。

（1）全面质量管理——保持最低废品量

企业在生产过程当中应该尽可能将各种不合理因素消除，同时对加工流程的全部工序提出更高的要求，做到精益求精。对原材料、零配件从购进到生产再到完工产品产出的整个过程实施全面质量管理，保证产品的质量。唯有使生产产品的机器故障率保持在较低的水平，才可以使生产线积极快速响应企业的新产品方案。

（2）缩短生产准备时间——减少非增值作业

搬运零件作为企业生产的一项非增值的任务，在搬运过程中要想降低问题出现的概率，缩短装备所需的时间，就要减少零件、装配件的运送量和搬运次数。不应忽视的是，企业在搬运过程中应该考虑如何有效缩短零件搬运周期，使其更便捷、高效。

（3）降低订货成本——发展与供货商的密切关系

从外部采购原材料的角度看，企业和供应商经过有效的沟通和协商，最终签订长期合同，有助于降低企业订货的成本与次数。JIT 的解决方法是与一些经过挑选的供应商（包括价格、地理位置、质量、交货能力等方面的考察）谈判并签订长期合同，让供应商广泛参与企业的生产经营。另外，与供应商签订长期合同还有其他优点，具体如下：第一，长期合同当中对产品的价格及能够接受的品质标准进行了明确的规定；第二，长期合同当中对交货的日期进行明确，这样企业可以及时收到产品，避免了存货不足情况的出现；第三，由于长期合同的存在，促使企业减少了产品的下单频率，从而使企业的订货总成本十分明显地降低。

第五节　流动负债管理

一、短期借款

所谓短期借款，一般情况下指的是银行在限定的较短时间内为企业提供的短期贷款，实际上指的是企业在短期内筹集资金的一种关键手段，是企业向银行提交的借款申请，可以让企业短期内的资金需求得到充分的满足。

（一）短期借款的种类

企业短期借款按照是否需要担保分为以下三类。

1. 信用借款

信用借款又称无担保借款，是指以借款人的信誉为担保而获得的款项，取得这种借款无须以财产为抵押。信用借款又可分为两类：信用额度借款和循环协议借款，其中前者的概念为企业和商业银行达成协议，银行可以在特定的期限内，为企业提供的无任何担保形式的最高额度贷款；后者概念为银行向企业提供最高的贷款额度，并且在最高贷款额度范围之内，企业能够多次借款和还款，循环使用，它与信用额度借款相比有着较大的区别，是一种十分特殊的信用借款。

2. 担保借款

担保借款作为借款方式的一种，企业在使用此种借款方式时可以通过保证人担保获得借款，也可以通过抵押或者质押财产获得借款。它能够被划分为三个不同的类别，具体如下：第一，抵押借款，它主要是将借款人或者第三人的财产作为抵押物，从而获得借款；第二，保证借款，主要是当借款者无法按时承担还款的时候，由第三人承担连带责任或者一般保证责任，从而获得的借款；第三，质押贷款，将借款人或者第三人的动产或者权利作为质押物，从而获得的借款。

3. 票据贴现

票据贴现描述的是企业利用其持有的并且尚未到期的商业票据，向银行支付特定的利息，从而获得借款的行为。

（二）短期借款的具体内容

1. 短期借款成本

通常情况下，银行的借款利率是借款成本的主要表现形式。企业向银行提交短期借款的申请，银行需要对其进行十分严格的审查，降低借款风险的同时，也进一步使借款质量得到有效提升。企业类型、借款时间等因素均会对短期借款利率产生直接的影响。同时，银行借款的利率也有多种不同的形式，企业在借款的时候需要与自身实际情况相结合，做出适合自身发展的决定。

（1）单利计息

它主要是通过把借款的总金额与借款的期限和利率相乘来计算利息。多数银行采用此种方式计息，企业可通过比较单利来比较不同银行的短期借款成本。短期借款的成本在单一利润前提下，通常是由设定的利率及银行的利息收取方式所决定的。如果在规定的还款期日，利息和本金同时支付，那么所设定的利率将与实际的利率保持一致。

（2）复利计息

复利计息是除了对借款金额计息外还要对利息计息的方法。在我国，由于银行和企业没有规定复利计息的具体标准，因此在办理结算时，经常发生复利计息不正确或计算有误，从而导致损失的情况。根据复利的计算方式，借款人需要承担的实际利率，实际上高于名义上的利率，如在贷款到期以前付息次数越多，有效利率高出名义利率的部分就越大。

2. 借款银行服务

（1）银行对待风险的政策

不同的银行对待风险的政策是不同的，有的保守，只愿承担较小的风险，而有的银行则敢于承担较大的风险。通常情况下，业务范围大、分支结构多的银行能够很好地分散风险，有承担较大借款风险的能力；相反，一些小银行分散风险的能力差，能够接受的风险要小得多。

（2）银行提供的服务

有的银行有良好的服务，能够积极地帮助企业分析财务问题，为企业提出建议；而有的银行甚至没有向客户提供咨询的专门机构。

（3）银行的忠诚度

当企业面临困境的时候，部分银行的做法是协助企业解决问题，顺利渡过难关。部分银行的做法是坚持要求企业偿还所有债务。

（4）银行的稳定性

一个相对稳定的银行能够保证企业在借款过程中不会遭遇意外，与此同时这些银行通常还具有非常充足、雄厚的资本，存款变化幅度不大，定期存款比重大。

（三）短期借款的优缺点

1. 短期借款的优点

①银行拥有非常充足的资金储备，可以随时为企业提供大量的短期借款服务。

②借款弹性好。在借款期间，如果企业资金需求发生变化，可与银行进行协商，修改借款的数量和条件，当资金需求增加的时候可以借款，反之则可以提前还款。

2. 短期借款的缺点

①与商业信用及短期融资券相比，资本的成本相对较高，尤其是借款成本。

②限制条件较多。借款合同中的限制条款可能会限制企业发展，如要求企业把流动比率控制在一定的范围。

二、商业信用

（一）商业信用的形式

1. 赊购商品

赊购商品是一种最典型、最常见的商业信用形式，卖方可利用这种方式促销，而买方则可以满足自身短期的资金需求。在发生商品交易的情况下，销售方可以选择在一段特定的时间后进行付款，并无须当场支付现金。

2. 预收贷款

预收贷款作为商业信用形式的一种，是卖方首先从买方那里收取部分或者全部的贷款，但会延迟交货，也就是在特定的时间进行交货，这相当于向买方借入资金后再用货物抵偿。购买方为取得供不应求的商品常常采用这种形式。此外，对于生产周期长、售价高的产品，为了缓解资金占用过多的压力也常采用这种形式。

（二）商业信用的条件

1. 预付贷款

它是在卖方发出商品之前，买方已经提前支付了的货款，这种情况通常出现在两个场合：第一种场合是卖方清楚地知道买方的信用状况不佳；第二种场合是产品的销售周期较长且售价较高，销货方在这种情况下能够获得临时性的资金支持，而购贷方则要预先垫付现金。

2. 延期付款，但不提供现金折扣

销售方在这样的情况下允许购买方在交易发生后的特定时间段之内根据发票上的金额进行支付。买方的支付方式通常为分期付款或分次付款等。举例来说，“net40”意味着在40天之内根据发票上的金额进行支付，通常情况下信用期限是30～60天。然而在比较特殊的情况下，某些季节性生产公司有可能会延长客户的信用期限，这样采购公司能够通过延迟付款来获得资金。

（三）商业信用的控制

1. 信息系统的监督

对商业信用进行有效管理需要一个健全、完整的信息系统。以应付账款为例，当企业收到账单时，企业应确认该经济活动是否已发生、企业是否已收到货物等情况；确认后，应将账单与企业的订货单进行核对，核对无误后转入支付程序；这时，需要考虑支付的时间，即考虑是否在现金折扣期内付款、是否按期付款或是否拖延付款时间等问题。这就要求信息系统做出及时有效的反应，以便管理者做出决策。

2. 道德控制

企业应当权衡现金折扣的成本，并适当放弃因延期偿还带来的机会投资收益，以做出有利于企业的最优选择。但在实际中，还应注意到许多隐性的成本和潜在的收益。若企业总是违反合同拖延付款时间，那么，企业的信用等级将会降低，供货商会对企业做出不利评价，破坏企业的商业道德形象。而这属于企业的无形资产，无法精确地计算衡量。因此，应对商业道德予以足够的重视。

（四）商业信用的优缺点

1. 商业信用的优点

①使用方便。因为商业信用通常与商品买卖同时进行，这是一种自发性筹资，不必进行正式的融资安排，随时可以取得。

②限制少。商业信用的使用比较灵活且具有弹性。在大多数类型的短期融资方式中，尤其是银行借款这种融资方式，往往会有严格的限制条件，甚至要求担保。虽然商业信用也有限制，但其限制条件远没有其他形式的短期筹资多。

③成本较低。如果没有现金折扣，或企业不愿放弃现金折扣，则采用商业信用筹资，其筹资成本较低或者没有实际成本。

2. 商业信用的缺点

①商业信用的信用期一般比较短。通常，信用期限较短，不利于企业统筹运用资本，并且，如果拖欠还款还会使企业信用等级下降。

②在存在现金折扣的情况下，如果企业选择放弃现金折扣，则要付出较高的成本。

③如果企业缺乏信誉，容易造成企业间相互拖欠，影响资金运转。

第六章 财务共享模式下的企业内部控制构建

本章为财务共享模式下的企业内部控制构建，阐述了企业内部控制体系构建的要素、财务共享模式的发展现状、财务共享模式的优势与劣势、财务共享模式对企业内部控制的影响、财务共享模式下企业内部控制体系构建。

第一节 企业内部控制体系构建的要素

随着市场经济的发展，企业内部控制作为一种价值控制和综合控制手段，是现代企业管理的重要环节。如何强化内部控制机制，成为当前我国企业管理改革和发展中亟待解决的问题。特别是在后金融危机时代，研究如何建立一套行之有效的企业内部控制体系，从而加强我国企业的内部控制，具有重要的现实意义。

一、内部控制目标体系

（一）企业内部控制目标体系的提出

就企业绩效管控的思维而言，任何漫无目标的管理措施就算实施了也是无效的，甚至还会增加企业的成本，导致不必要的资源浪费。企业进行内部控制管理系统构建时，要明确内部控制目标，因为控制目标是企业建立控制制度所要达到的预期目的和效果，且内部控制目标是构建企业内部控制管理系统的关键。内部控制本身是一种手段，是企业为了达到所设定的目的而开展的活动，而这些目的便是内部控制的目标。内部控制目标不仅是构建内部控制框架的重要依据，同时也是评价、考核内部控制体系的具体指导文件，它要求企业规范各项业务流程，明确控制点，使企业各部门、各岗位更加协调、高效地运作，从而能够有效地防范风险，确保企业的稳健发展。因此，内部控制管理系统要服务于组织其他的次级管理系统，内部控制目标要融入企业的其他各项管理目标中。

国内企业目前正处于内部控制标准的研究和制定阶段，只有先明确内部控制的目标，才能明确内部控制的方向，因此可以说，明确内部控制目标，是构建企业内部控制体系的基础和出发点，也是测试、评价企业内部控制体系建设与运行状况的基本标准。现今企业如何定位、设计、建构适用的内部控制管理系统，制定内部控制标准，明确内部控制的目标，需要我们认真加以思考，也迫切需要理论研究的支持。

1992 年，美国反虚假财务报告委员会下属的发起人委员会（The Committee of Sponsoring Organizations of the Treadway Commission，简称 COSO）从内部控制组成要素的角度，构造了一个内部控制整体框架，在其发布的《内部控制——整体框架》报告中，内部控制的目标被设定为适用法律法规的遵循性、财务报告的可靠性、经营的效率和效果。此报告被奉为内部控制管理的“圣经”，是迄今为止对内部控制最全面的论述，在一定程度上突破了以往内部控制仅从会计、审计角度研究的狭隘性，在内容上不再局限于会计控制，扩展到企业的管理及企业的治理，从一个更高、更系统的视野构建了内部控制的一个框架体系。1994 年，COSO 在对报告的“向外部关系人报告”卷进行增补时，增加了资产保护的内容。但是，按照 COSO 的理解，这个内容是从属于经营目标的，不是一个独立的目标。1999 年，国际最高审计组织发布文件主张内部控制是一个组织的计划与增值过程管理活动，包含管理的态度、方法、程序及其他足以确保企业达到目标的评量措施。

2004 年 3 月美国上市公司会计监督委员会（Public Company Accounting Oversight Board，简称 PCAOB）发布的审计准则 No.2 中仍然推荐使用 COSO 报告中的内部控制整体框架，意味着现实条件下内部控制的目标仍然强调营运目标、报告目标及遵循性目标。2004 年 9 月，COSO 在其发布的《企业风险管理框架》中，把内部控制的目标分成了战略目标、经营目标、报告目标、合规目标四类。

2004 年 9 月，COSO《企业风险管理——整合框架》在内涵上将原 COSO 报告的内部控制五要素扩展为八要素，既体现了对 1992 年 COSO 框架的超越，又反映了内部控制的转型，尤其强调了董事会和管理层在目标设定、风险确认与评估及风险管理策略选择等方面的突出作用，同时明示他们对于企业的经营成败应负完全责任。

翻阅 COSO 报告的新旧版本可以看出，其宗旨在于制定任何组织、企业的通用原则及避免使用者在设计内部控制制度时被误导，所以都只做概括性介绍。该报告提出了内部控制的整体框架，至于如何保证这种框架性意见在企业中得以执行，除了内部控制评估参考列表之外，并没有给出可操作的实务性途径，必须由企业自行理解领会，结合环境与企业特性，自行设计一套适用于本企业的内部控制制度并予以落实、评估。鉴于此，2008 年 6 月 22 日，中华人民共和国财政部、中华人民共和国审计署、中国证券监督管理委员会、中国银行保险监督管理委员会和中国保险监督管理委员会五部委联合发布《企业内部控制基本规范》。我国有关“内部控制”的教材和文献中一般涉及两个方面，每个方面有三项目标，共六项目标。

（1）会计控制目标

①保障财产物资的完整性。

②保证会计信息的准确性。

③确保财务活动的合法性。

（2）管理控制目标

①保证生产经营活动的经济性、效率性和效果性。

②保证国家法律法规的遵守执行。

③保证经营决策的贯彻执行。

这些目标是高度概括的，对任何企业都适用。

顺应国际管理的新思潮，内部控制管理体系尤其是内部审计部门的定位与作业，更偏向内部顾客服务的角度，更足以体现内部控制制度是一种激励机制。现行的管理体系融合了目标管理理论、工作动机理论、激励理论等，其重点是在引导人的事前行为。众所周知，一个好的管理机制应该引导成员及所有的利益相关者选择合理、向善的行为，而不是只约束一部分人的背离、乖戾行为，内部控制包括事前的引导管理和预防错弊措施，绝非仅仅是事后的纠错处置。我们知道，美国国家标准及技术协会支持的马尔科姆·鲍德里奇国家质量奖评价标准的重点目标也强调客户的满意度。

（二）企业内部控制的目标定位

在 1992 年和 1994 年，COSO 发布并增补了《内部控制——整合框架》，其定义了内部控制并提出了目标。此后，COSO 于 2004 年发布了《企业风险管理——整体框架》，对内部控制的定义和目标进行了进一步的丰富。《企业风险管理——整体框架》将企业风险管理视为一个由董事会、管理层和其他人共同实施的过程，其包括战略制定和各个层面的活动，并旨在识别潜在风险并管理其风险偏好以实现企业目标。与《内部控制——整合框架》相比，后者增加了战略目标并扩展了报告范围，呈现出更加全面且高层次的特点。然而，《企业风险管理——整体框架》

存在一些不足，如过度关注风险，妨碍企业的灵活性发展和创新能力提升；仍将控制主体限于董事会、管理层和其他人员，未真正形成一个完整的企业控制体系，也未包括股东和其他利益相关者。

特定内部控制目标应针对组织内部每个活动确定，并与组织目标一致。为制定特定的控制目标，首先，要对所有活动大致分类；其次，在每个分类中，将活动划分为一组或多组重复发生的活动过程，以便处理关键过程中的关键性控制因素。这些组合应与企业的组织结构和责任分工相匹配。企业活动大致分为管理、经营、财务和行政活动。

我国目前正在加紧进行企业内部控制标准体系的建设。我国企业内部控制标准的制定应体现中国特色，同时顺应企业管理和公司治理的历史发展趋势，以使内部控制管理更具全面性、前瞻性、科学性和实用性。我国公司治理与美国企业治理相比，存在明显不同。《中华人民共和国公司法》要求企业既设立董事会，又设立监事会，并赋予监事会在公司治理和内部控制方面更多权限，如检查财务、监督董事和高级管理人员的行为、提出罢免建议和纠正违规行为等。《中华人民共和国公司法》还为监事会行使职权提供法律保障，包括允许调查公司经营情况并聘请会计师事务所提供协助。在重视保护股东利益的同时，我国法律也非常重视员工权益的保护，要求在公司董事会和监事会中设有职工代表，职工代表的比例由公司章程规定来确定。因此，我国企业内部控制标准体系的设计必须综合考虑股东会（股东大会）、董事会（包括独立董事）、监事会、管理层和员工等在内部控制中的职权和分工，而不仅是董事会和管理层的职权和分工。

我国当前正着手建设企业内部控制标准体系。风险评估是企业及时识别、系统分析经营活动中与实现内部控制目标相关的风险，并确定风险应对策略的方法。企业应当根据设定的控制目标，全面、系统、持续地收集相关信息，结合实际情况，及时进行风险评估。企业应当采用定性与定量相结合的方法，按照风险发生的可能性及其影响程度等，对识别的风险进行分析和排序，确定重点关注和优先控制的风险。企业进行风险分析时，应当聘请专业人员，组成风险分析团队，按照相关程序开展工作，确保风险分析结果的准确性。企业应当根据风险分析的结果，结合风险承受度，权衡风险与收益并确定风险应对策略。企业应当综合运用风险规避、风险降低、风险分担和风险承受等风险应对策略，实现对风险的有效控制。

笔者认为，企业内部控制的定义为，企业内部利益相关者及其代理人实施的旨在合理保证并实现以下几个基本目标的一系列控制活动。

1. 企业价值创造和增值分享信息的真实性和可靠性

内部控制的目标之一是保证企业财务报告和其他经营管理信息的真实性和可靠性。通过建立完善的内部控制体系，确保企业信息的真实、准确和完整，从而为企业决策提供可靠依据。

2. 企业价值增值分享的公平性和合理性

内部控制的这一目标关注的是企业利益相关者之间的公平、合理权益。通过内部控制机制，平衡各利益相关者的利益诉求，确保企业价值增值分享的公平、公正和合理。

3. 企业价值创造活动的合法性和有效性

保证企业价值创造活动的合法性和有效性是内部控制的首要目标。通过实施内部控制，可以确保企业的经营行为符合相关法律法规和道德规范，同时保证企业价值创造活动的有效性和效率性。

关于内部控制目标设定课题的探讨，以及对于内部控制实践的价值研究可以体现在如下几个方面。

①内部控制目标为企业内部的控制行为规定了统一的方向。

②内部控制目标可以起到凝聚人心的作用。

③内部控制目标可以加强员工对企业组织的认同感。

④内部控制目标可以提高控制效率。

⑤内部控制目标有助于在企业形成规范的工作秩序。

⑥内部控制目标为考核控制效率、内外部审计提供了依据。

笔者主张企业全面控制的目标应该与社会发展、企业发展的目标相一致。就企业的内部控制管理体系架构而言，至少应该与企业的管理目标相一致。在实际工作中全面控制的目标不能固定，必须因主体、需要的不同而不同。单位的规模、性质不同，控制目标就不同，就算是同一个单位，具体控制活动的目标也是不同的，各有侧重。就单位的全面控制目标，总体目标是控制风险，促使组织目标的实现，具体的目标因需要的不同而不同，可根据需要分为以下几个层次。

第一层次的目标是保障经营活动的合规合法性，保证活动符合法律法规的要求。

第二层次的目标是防弊纠错，保证财产物资的安全，保证会计信息的及时性与真实性。

第三层次的目标是建立健全符合现代企业制度要求的法人治理结构，形成科学合理的决策机制，提高经营管理的效率和效益，实现发展战略和经营目标。

第四层次的目标是预防和控制各种错误和弊端，及时采取有效纠正措施，防范经营管理中的各种风险。

以上的第一、第二层次是与会计审计需要相关的控制目标，第三、第四层次是与治理、管理、风险需要相关的控制目标。值得注意的是，内部控制每个目标之间都是相互联系的，不可能绝对分隔开来。设定内部控制的目标时，如果就管理实务来说，工作量可能比较大，工作内容比较复杂，因为有很多数据需要进行统计和分析。笔者认为，在界定内部控制的目标时，所遇到的困难主要有如下几个方面。

①如何把握内部控制目标的合理性。

②如何认识内部控制目标的全面性。

③如何把握内部控制目标的实现程度。

④内部控制目标经验性与科学性分离。

二、企业内部控制构建的原则

（一）系统性原则

在构建内部控制体系时，应遵循系统性原则。这意味着内部控制系统应包括企业所有的层面，并确保各个部分相互协调，进而将企业的治理层次、管理层次有效整合为内部控制体系。

1. 企业组织结构

要建立一套高效的内部控制体系，必须将企业的管理层和治理层进行整合，并确保二者的协调运作。为达成这一目标，需要对企业组织结构进行深入分析和考虑。在现代企业的委托代理关系下，企业内部权责的分配体现为不同层次的权责分派。因此，企业的权责分派体系主要涉及决策权和监督权的分派。也就是说，企业需要将决策权和监督权分配给不同的人或部门，以确保决策的合理性和监督的有效性。

2. 权力的分派

（1）决策权的分派

在企业管理中，决策权的分派是根据不同的影响范围和时间长短来划分的。具体来说，业务决策权通常由基层管理者负责，主要涉及日常的销售、生产、供应等事务，这些事务通常具有日常性、细节性和短期性的特点。管理决策权则通常由中层管理者掌握，主要涉及组织结构变更、资源配置等，这些决策通常具有战术性、中期性和局部性的特点。经营决策权则通常由高层管理者掌握，这些决策通常是全局性、长期性、战略性的决策，包括新产品开发、经营方向、上市、目标、并购等。这种决策权的分配机制有助于企业有效地运营并实现战略目标。

（2）监督权的分派

监事会负责监督董事会和高层管理人员，审计委员会监督管理层，内部审计部门监督内部制度执行情况。监事会对股东大会负责，审计委员会是董事会下的监督机构，内部审计部门监督企业各个方面的运转，包括财务报告真实性、运作的合法性等。这些监控机制确保了企业治理的高效。

（二）可操作性原则

构建一套具有可操作性的内部控制体系必须从企业自身特点出发，遵循成本效益原则，并充分考虑到内部控制的局限性。企业进行企业内部控制体系构建时，应注意以下几点。

1. 充分考虑企业的特点

企业在构建内部控制体系时应根据自身的内部环境、规模和行业特征、经营战略及成本因素等方面的实际情况来进行考虑和决策，以构建符合企业需求的有效内部控制体系。

2. 认真进行成本效益分析

在构建内部控制体系时，必须考虑到成本与效益之间的比例。为了实现有效的内部控制，所投入的成本不应超过由此产生的经济效益。为了确定适当的比例，企业需要综合考虑多个因素。首先，内部控制的复杂性和实施难度可能会影响其成本和效益。例如，一项涉及多个流程和部门的复杂内部控制措施可能需要更高的投入，但也可能带来更全面的风险管理和更高效的运营。其次，企业组织的风险承受能力和业务规模也会影响内部控制的需求和效益。例如，一个高度规范化且对风险较为敏感的企业可能需要更严格的内部控制措施来确保其业务稳健，而一个规模较小的企业可能更倾向于采取更为灵活且效益更高的控制措施。最后，在评估内部控制的效益时，企业不应仅关注直接的经济效益，还应考虑间接的、长期的效益。例如，某些看似昂贵的内部控制措施可能有助于提高员工的工作效率，培养合规意识，从而为企业带来长期的声誉和信誉价值。此外，有效的内部控制还可以帮助企业减少法律纠纷和违规行为，从而避免潜在的财务损失和声誉损害。

3. 正确认识内部控制的局限性

内部控制的局限性是一个重要的问题，主要体现在以下几个方面。

（1）内部行使控制职能的管理人员滥用职权

这可能是由于管理人员对权力的过度追求，或者是因为他们可能没有足够的道德和职业操守。员工滥用职权会损害公司的利益。

（2）内部承担不相容职务的人员串通舞弊

在一些情况下，公司内部的员工可能会串通一气，通过不正当的手段获取利益，这可能是因为他们在职务上存在重叠，或者是因为他们有共同的经济利益。

（3）内部行使控制职能的人员素质不符合岗位要求

如果内部控制的执行人员缺乏必要的技能、知识或者经验，他们可能无法有效地执行控制任务，这可能会导致内部控制的效能下降。

（4）由于遵循实施内部控制的成本与效益原则而影响内部控制的效能

在某些情况下，实施内部控制可能需要投入大量的资源，这可能会使得一些公司在实施内部控制时考虑到成本和效益的问题，进而影响到内部控制的实施效果。

（5）只适用于常规而重复的业务

在一些情况下，由于业务的重复性和常规性，内部控制可能无法应对一些新的、非常规的问题，这可能会使得内部控制存在局限性。

以上这些局限性是内部控制中常见的问题，需要公司采取有效的措施来预防和应对。例如，公司可以通过定期审查和更新内部控制系统，确保其适应公司业务的变化，同时，公司还可以通过培训和教育来提高员工的道德和职业操守，以防止员工滥用职权和串通舞弊。

（三）预防性原则

预防性功能主要表现为对各类风险的分析和防范。预防性功能的实现主要有赖于企业风险管理机制的设立、内部牵制制度的实施及业务活动的流程化设计。

1. 建立风险管理机制

（1）风险预警体系

企业应该建立一套完善的风险预警体系，以科学的预测和分析来提前发现潜在的风险，并及时向相关部门发出警示，以便采取适当和有力的措施来应对风险。首先，通过科学的预测和分析，风险预警体系可以对可能发生的风险进行准确的预测。通过对市场、行业、竞争环境等因素的监测和研究，可以识别出风险的迹象和趋势，提前判断可能出现的问题和困难。这样企业就能够有足够的时间和准备来应对潜在的风险，降低风险对业务的不利影响。其次，风险预警体系可以提醒有关部门和管理层采取有力的措施来应对风险。一旦风险被识别，预警系统就可以向相关部门发出警示，并提供有关风险的详细信息和建议。这使得管理层能够更快速、准确地做出决策，并采取相应的行动来减轻风险的影响。通过及时采取有力的措施，企业可以最大限度地降低风险发生的可能性，保护企业的利益，保证企业的稳定经营。通过建立完善的风险预警体系，企业能够提前预测风险、及时警示风险、提醒相关人员采取行动，以降低风险对业务的影响。这样的预警体系有助于企业在竞争激烈和不确定性增加的环境中保持敏锐的触觉，为企业的可持续发展提供有力支持。风险预警体系应具备风险监测、风险评估、预警提示、应对措施、反馈与调整等功能。

（2）风险管理组织机构

从当前市场环境和企业发展需要来看，企业应建立一个包括风险管理负责人、一般专业管理人、非专业风险管理人、外部的风险管理服务在内的规范化风险管理组织体系。该体系应充分考虑企业规模大小、管理水平高低、风险程度大小及生产经营的性质等方面的特点，以确保组织的合理性和有效性。同时，为确保企业的风险管理体系成为一个有机整体，需要根据风险产生的原因和风险的不同阶段对其进行动态调整，并用建立健全的制度来明确各方之间的责任、权力和利益。为了实现企业全体员工参与风险管理的目标，风险管理组织机构应具备广泛的参与性、专业性、动态调整性、制度明确性等特点。风险管理组织机构应包括各个部门和岗位的员工，鼓励员工共同参与风险管理工作，以实现全面覆盖和有效控制风险的目标。组织机构应配备专业化的管理团队和风险管理人才，以确保对风险的准确识别、评估和控制。组织机构应根据企业内外部环境的变化和风险产生的原因，及时调整风险管理策略和措施，以保持其适应性和有效性。风险管理组织机构应通过健全的制度来明确风险管理工作的职责、权力和利益分配，以确保工作的规范化和高效性。

2．实施内部牵制制度

内部牵制制度在现代内部控制理论中占据重要地位，内部牵制制度在防止和发现错误及舞弊行为方面具有显著的效果。这种制度的有效性得到了广泛的认可。内部牵制不仅在各种组织机构中扮演着关键的角色，还是职务分离控制的基础。内部牵制制度可以提高企业的运营效率，通过明确职责分工和审批流程，来确保各项业务活动的顺利进行。内部牵制制度可以提高企业的透明度，通过加强内部监督和审计，使管理层更好地了解组织的运营状况。此外，内部牵制还可以增强员工的工作责任感和自律意识，通过明确职责和权限，使员工更加清楚自己的工作目标和责任。

3. 设计流程化的业务活动

企业业务活动控制是内部控制系统中的核心内容，对于企业的稳健发展至关重要。通过合理的设计，企业的各项业务活动能够有序、合规、高效地进行，从而实现企业的长期发展目标。企业业务活动控制应当按照业务循环来设计。企业的主要经济业务，应当设计流程化的内部控制制度，并与企业的信息系统相结合。内部控制构建人员在进行流程分析时，需要深入了解企业的各项重要经济业务，并找出其中的关键控制点。这些关键控制点是日常管理控制的重点，也是保障企业业务活动顺利进行的关键。通过对这些关键控制点的有效管理，可以大大降低企业面临的风险，提高企业的运营效率和经济效益。同时，对于企业的重要经济业务，不仅要进行流程化的设计，还要与企业的信息系统相结合。通过信息系统的支持，实现对业务活动的实时监控和数据分析，及时发现并解决问题，确保企业业务活动的稳定和高效开展。

第二节　财务共享模式的发展现状

随着经济和信息技术的发展，财务共享模式作为一种新型财务管理模式，已逐步被越来越多的企业接受。

一、财务共享模式在国外的发展

福特公司在 20 世纪 80 年代创建了第一个财务共享中心，将共享服务理念成功地应用于财务管理领域。最初的财务共享中心，主要是对一些烦琐、重复且耗时的基础性财务工作进行集中处理。通过对这些工作进行集中处理，能够提高财务工作的效率，并极大地降低人力资源成本。

（一）财务共享模式的起源

继福特公司之后，越来越多的跨国企业集团如杜邦集团、通用电气公司等发现了财务共享服务的优势，并开始建立自己的财务共享中心。20 世纪 90 年代初，财务共享模式得到进一步推广，到 20 世纪末，大多数欧美发达国家的集团公司都建立了财务共享中心①。

① 郑凌洁，冯玉清，刘鸣．企业财务管理与共享模式的内部控制[M]．北京：中国石化出版社，2022.

（二）财务共享模式在国外的发展壮大

20 世纪 80 年代以来，财务共享模式的规模不断发展壮大，财务共享中心在支持公司战略发展的过程中发挥着越来越重要的作用。例如，宝洁公司在其财务共享服务建立过程中将人工成本大规模缩减。

（三）财务共享模式的演变进程

财务共享模式在世界范围内得到了发展，虽然国家和地区的差异存在，各国企业的财务共享模式有各自的特征，但基本上形成了以下四种模式。

1. 基本模式

基本模式是财务共享模式发展的初级阶段，这种模式将常见的、重复的业务进行合并和集成，并以标准化的流程进行操作，以消除重复性劳动并实现规模经济。这种模式具有大型企业集团中、后台职能的集中管理模式的特征，形成了流程标准化、组织灵活、分工专业化、核心能力强等特点。这种模式需要依靠集团的统一命令，主要为集团内部客户提供费用报销、资金支付等服务，主要价值在于加强集团内部控制，降低人力资源成本。

2. 市场模式

与基本模式相比，这种模式削弱了集团的强制力，将控制权与服务权分离开来，使得内部客户具有更大的灵活性，不再被动接受服务，可以选择是否需要服务。共享服务中心作为提供服务的部门，向内部客户提供各种支持服务。为了确保共享服务的可持续运作和公平性，内部客户需要向共享服务中心支付费用作为成本补偿。这种成本补偿模式对共享服务中心提出了更高的要求，要求其服务质量不断提高，咨询服务更加专业化。

3. 高级市场模式

该模式以市场模式为基础，与市场模式高度相似，不同之处在于这种模式更加强调市场竞争意识。内部客户在市场模式中不具备选择服务提供者的权利，而高级市场模式下可以选择服务提供者，如果集团内的共享服务中心提供的服务不符合要求，或与外部服务相比没有优势，就会在竞争中失去市场，最终被淘汰。为了在竞争环境中生存和发展，这种模式下的共享服务中心必须提高服务水平，适应市场竞争的需要，有能力为外部客户提供服务，参与外部市场竞争。同时，高级市场模式下的服务定价模式也从成本补偿模式发展到市场价格定价模式，通过引入竞争进一步增强成本优势。

4. 市场经营模式

市场经营模式是财务共享服务模式发展的高级模式，在这个阶段，共享服务中心是企业集团的利润创造者，作为一个能够完全独立地参与市场竞争的商业实体，它不再依赖于该组织的保护，财务共享服务的客户既有可能来自内部也有可能来自集团外部，服务费完全按照此时的市场价格来确定，财务共享中心需要通过服务赚取利润才能生存，体现了财务共享中心对服务质量的高要求。

财务共享的每种模式都有其适用的特定环境，对其他企业的有效模式不一定适合本企业，国家和地区之间的经济发展水平差异也会造成财务共享模式实施结果出现区别。为了保证共享服务中心价值的真正实现，不仅要考虑共享模式建设的核心目标，还要考虑企业自身的文化特征、企业生命周期和公司治理结构等。

二、财务共享模式在国内的发展

与国外相比，我国财务共享服务模式起步较晚。20 世纪末，随着全球经济的发展，共享服务被引入国内企业，财务共享模式在国内的地位日益提升。

（一）财务共享理念的引入和初步发展

中国作为世界上最大的消费市场之一，吸引了众多跨国公司的关注。这些外国跨国公司逐渐认识到中国市场的巨大潜力，积极进入中国开展业务，并在中国设立分支机构。在进入中国市场的同时，它们也把先进的管理理念融入我国的企业管理中。随着国外咨询公司和跨国公司外包服务的发展，惠普、埃森哲、强生等大型企业集团都在我国成立了财务共享服务中心。这些国外知名企业财务共享服务模式的实施给我国企业带来了很多启发，使我国企业也开始构建财务共享服务中心，并逐步地与国际企业接轨，享受到集约型财务共享模式给企业带来的便利和共享效益。财务共享模式在我国起步较晚，2005 年，中兴通讯建设了国内第一家财务共享服务中心，将大量的基层财务人员从繁杂的业务处理工作中解放出来，实现了彻底的财务转型和流程再造。目前，越来越多的中国企业建立了财务共享服务中心。

（二）财务共享模式在国内集团企业中快速发展

在科技进步和经济全球化的大背景下，财务共享模式在国内集团企业中不断发展。继中兴之后，海尔、美的、中国泰安、中国移动通信集团等大型企业也相继进行了财务共享模式的实践。目前，我国多数企业的财务会计业务规范化、流程化程度较高，许多大型集团企业借助网络信息技术，已经实现了单位内部财务数据信息共享，把所属子公司的财务状况全部列入母公司的核算管理中，进而保证企业集团财务核算目标的协调性和一致性。

综上所述，随着企业规模的扩张、股权结构的日益复杂、分支机构数量的增加，大型企业集团普遍存在成本控制难度大等问题。为了解决企业面临的成本和竞争力提升的问题，财务共享模式已成为国内外大型企业的首要选择。虽然财务共享模式已经渗透到我国各行各业，相比于国外一些大型集团早就开始实施财务共享模式的情况，我国企业刚刚走上财务共享模式的快速发展轨道，经验和技术积累相对较少。尽管如此，但随着科技和政策的不断进步，我国企业在财务共享模式实践方面具有较大的发展潜力。通过充分利用先进技术和政策支持，来加强内外部合作与交流，我国企业可以逐步提升财务共享模式实践水平，实现财务管理的高效和优化，提升企业的竞争力，激发企业发展潜力。

三、财务共享模式的未来发展趋势

（一）流程的柔性化和自动化

随着大数据和信息技术的不断进步，越来越多的重复性财务工作被认为是价值较低的工作，因此，财务机器人和自动化技术不断涌现，财务共享服务中心的流程将逐步向支持柔性化、自动化的工作方向发展，从而进一步实现服务客户的个性化需求。柔性化和自动化的发展目标是逐步改善仅支持标准化的流程，弥补原有的刚性化的管理模式过程中的缺陷。因此，财务共享中心的未来发展趋势是绝大多数工作将由机器人程序代替，最终，它将变成一个自动化的财务工厂。

（二）岗位的虚拟化和碎片化

但是，由于财务工作的复杂性和特殊性，投资决策、预算管理、资金筹划等高级财务管理人员的工作短期内并不会被财务机器人所取代，并且财务机器人的发展刚刚起步，未来很长一段时间之内，财务共享服务中心的工作也仍然以人类为主。随着计算机、网络、大数据技术的发展，未来的移动办公、虚拟办公模式将成为主流，替代现有的繁杂、低效率的财务处理模式，财务共享中心也将成为未来主流的财务处理模式，财务岗位也呈现虚拟化、全面化、碎片化的趋势。在这种趋势下员工可以在不同的国家和地区办公，而不必拘泥于固定的场所，这将为企业节省大量的房租成本。

（三）平台的集成化和云端化

财务共享强调财务管理职能与专业财务共享中心管理的分离，然而，许多分支机构的财务信息系统和业务信息系统已经深入集成。为了解决专业化与集成化之间的矛盾，财务共享中心平台必须融合企业所有的信息系统，而且信息系统的有机组成部分必须与企业的外部环境系统相结合。一个有效的解决方案是将各个分、子公司的财务共享信息系统和ERP系统作为一个整体迁移到云平台中，并在云平台的帮助下交换业务、财务信息及内部和外部信息。

第三节　财务共享模式的优势与劣势

一、财务共享模式的优势

财务共享模式根本目标是降低企业的成本和加强企业的管理，给企业带来更多的收益。

（一）有助于降低企业成本

经济学研究表明，规模经济能够显著降低企业成本。当业务量增加时，业务规模将增加，而人员数量可以略微增加或不增加。在传统的财务管理模式下，财务组织是重复的，每个分支机构都需要分配会计人员。在财务共享模式下，业务和资源都集中在财务共享中心，原来需要多个人员完成的业务现在可以交给一个员工，财务部门人员与岗位重复的问题得到了解决。财务共享中心将不同地区的相同业务流程实现了规模化，有效降低了企业的成本。财务共享模式还可以使管理层在增加企业规模的同时实现对人员的微量增加或不增加。其主要作用有以下几个方面。

1. 降低人力资源成本

财务共享服务中心将企业集团内部各分支机构的会计核算工作全部集中到一起，进行规模化、集中化处理，并将企业内部分散在各分支机构的若干个具有同样职能的部门进行整合，批量处理相同的业务，通过将各分、子公司重复建设的财务机构、重复设置的岗位、重复配置的人员进行整合，优化并消除了一批重复非增值作业。集中核算产生的规模效应大大降低了运营成本和企业对基层财务人员数量的需求，提高了财务处理效率，并通过网络进行数据采集、传输和处理，实现了跨地域、跨部门的数据集成。此外，企业还可以将财务共享服务中心建立在人力资源成本较低的地方，以节省人工成本。例如，锦江集团实施财务共享模式后，为锦江解放将近 50% 的财务人员，让他们将更多的精力投入业务当中，企业成本大幅降低。

2. 财务管理成本大量削减

在财务共享模式下，一方面，企业的业务流程和管理模式已经向标准化模式转变，消除了区域或内部层次之间金融交换的冗余步骤，财务业务得以简单、有序、集约化处理，提高了财务信息服务水平，降低了企业财务管理成本。另一方面，财务共享中心的建设、资金集中管理、企业内部资金综合利用，在资金分散管理的条件下，可以避免部分单位资金过剩或者资金短缺的问题发生，还可以明确部门之间的收支状况，有利于预算和资金控制，大大提高了资金使用效率，降低了财务管理成本和资金控制风险。

3. 企业运营成本大幅度降低

财务共享模式凭借其独特的组织结构，改变了企业集团内部原有的分散式组织结构，把核心业务部门和非核心部门分开，使核心业务部门能够独立出来为内部客户提供专业服务；财务共享模式还可以创建统一、标准化的运营平台，使组织结构呈现扁平化特征，管理层决策的实施和执行都更加有效。随着企业业务规模的不断扩大，规模经济效益将更加突出，单位固定成本也会越来越低，业务运行效率得以提升。财务共享模式还重组和精简了机构和人员，从而使得运营成本大幅度降低。国内的中兴通讯通过 10 年财务共享模式的实践，取得了较好的效果，其中企业运作成本降低 40%。

（二）有助于企业业务流程规范化、标准化

在以往的分散化财务核算过程中，财务人员与业务人员的工作流程较为独立，导致信息传递和加工的过程无法同步，会计信息的及时性和可靠性无法同时得到保障，会计人员局限于事后核算，对于事前预防和事中控制的掌控能力较差，且无法实现实时监控。因此，会计人员的管理职能和会计机构的增值功能无法有效体现。相较于传统模式，财务共享模式通过制定、发布和实施一定的规则和标准，将企业已有的业务流程等进行重组和设计，形成统一且可重复的规则，从而使业务能够规范化运作，财务信息准确性得以加强。具体来说，财务共享模式将不同业务单位和部门之间的功能与财务工作整合在一起，通过共享财务信息和数据来实现更高效的财务管理，将以前分散在不同分支机构和部门中的大量重复性操作

交由财务共享中心，让其按照标准化的流程来运作，各核算单位的数据将按照统一的口径进行归集、处理，为后期财务数据的汇总、分析和共享提供便利。财务共享模式下财务工作变得简化、标准、清晰，会计核算业务得到重新构造，财务的运行更加规范高效，也有助于企业提高工作效率和服务质量。财务共享模式将企业的财务流程和业务活动进行联系，促进了企业内部信息的快速交换和传输，提高了整体运行的顺畅性和效率。其具体表现有以下几个方面。

①财务共享模式有助于规范财务流程。对所有流程进行细致的分类，再将其划分为许多子流程，在集成过程中，每个职位的操作规则是同步制定的，以确保业务流转到任何部门和任何人员都能够按照执行标准进行规范化操作并进行记录，实现信息的有效传递和保存。

②财务共享模式有助于规范企业财务信息披露。构建财务共享模式的前提是需要对企业的财务业务进行统一的标准化处理，即将财务制度、会计记录、会计口径、财务报表等业务领域进行统一化处理，以便为流程的梳理提供业务基础。这种财务信息一体化和集中化的过程，规范了企业财务信息披露。与此相比，在传统的分散式财务管理模式下，许多分支机构都有自己的财务部门，由于各分支机构对成本属性的判断不同，所使用的会计科目也不一样。经过财务共享中心的集中规模处理，任何业务流程的处理必须经过审批，这样一来，不仅有效地控制了会计处理工作流程，而且可以确保在同一时期得到的会计报表具有一致性和可比性。

（三）有助于提高企业工作效率

随着分支机构数量的增加、经营范围的扩大和工作场所的分散，很可能导致我国企业集团管理机构过多，虽然集团内部实行统一的会计制度，但由于各子公司和分公司都有独立的会计核算机构，机构之间信息传递需要耗费许多人力和物力，降低了财务核算的处理效率，导致企业管理成本上升。

财务共享模式将各分支机构的财务部门和人员进行整合，最大化地利用规模优势进行财务业务的集中处理，有利于企业管理人员对经营管理进行全面控制和统一监督。财务共享模式的事实表现在两个方面：一方面，企业内部各单位的业务流程和会计估计标准得到了统一，提高了会计信息的可比性；另一方面，各单位的财务数据和分析报告能够被信息使用者及时获取，这缩短了企业管理层从收集信息到财务决策的时间，提高了企业的管理决策效率，为企业战略发展提供了数据支持。财务共享模式下企业工作效率的提高主要依赖于以下几个方面。

①计算机技术的应用。财务共享模式的实施得到计算机技术和信息系统发展的支持，借助于先进的技术和管理手段，票据系统、费用报销系统和资金管理系统等都集中于财务共享中心，不仅减少了烦琐的工作步骤，对大量、高复杂度的业务流程进行了重组，还使得原来复杂的工作更加简单、规范、详细，进一步提高了业务效率。

②工作岗位的专业化改造。在财务共享模式下，会计岗位根据业务内容进行划分，使得岗位职责得到优化。专业化分工可以提高企业的经营管理水平。在专业化的工作环境下，员工可以更加专注于自己领域内的工作，从而更加深入地了解和掌握相关知识和技能，从而减少不必要的沟通和协调成本。例如，在实施财务共享模式后，海尔集团将财务人员分为三种角色：一是战略财务，把控整个集团的财务决策、投资政策、预算决算等；二是共享财务，通过整合互联网资源搭建财务共享中心，提供专业、高效、合规的会计服务；三是业务财务，分散在各分支机构，为企业发展提供前期决策。在实施财务共享模式之前，财务部有 40% 的人员在进行账务处理，20% 的人员在提供财务报告，30% 的人员在做风险控制，只有 10% 的人员在做决策支持；而实施了财务共享模式之后，财务部中只有 20% 的人员在进行账务处理，30% 在扮演技术财务（包括风险控制、财务报告等领域）的角色，另外 50% 的人员在提供决策支持。由此可见，财务共享模式的实施，把财务人员从繁杂的核算和账务处理中解放出来，提升了财务处理效率，为企业贡献了边际收益，使得企业的财务核算成本和管理成本大幅度降低。

二、财务共享模式的劣势

尽管财务共享模式有许多优势，但由于其本身发展时间较短，当前的信息技术不够完善，也存在一些劣势，主要体现在信息安全问题、信息传递问题、员工满意度问题等方面。

（一）信息安全问题

随着网络技术的飞速发展和现代企业规模的不断扩张，网络覆盖范围不断扩大，移动设备的使用不断增加，企业的数据信息量急剧增加，企业的财务活动越来越复杂，信息存取、交换、处理和分析量不断增加。在企业财务共享模式下，移动办公客户端的应用越来越广泛，服务越来越方便，移动办公软件功能得到了完善，但也对信息和数据安全提出了更高的要求。

由于财务共享中心的集成化、开放化特征，在业务范围和财务数据可以及时获取的情况下，这种开放性也威胁着企业的信息安全。采用财务共享模式后，数据处理方式由手工会计向计算机信息技术集成的集中式数据处理转变。由于财务共享平台还依赖于各信息处理系统，如果不能保证信息处理系统的安全性，那么整个企业财务信息的安全性将无法得到保证，严重情况下会导致企业财务信息和管理信息的泄露。此外，当财务共享中心收到来自不同对象的信息时，在信息传输和存储过程中可能会产生错误，给企业带来不可估量的损失。具体信息安全问题有以下几种。

①在财务共享模式下，企业过分依赖计算机信息技术进行数据处理。财务信息处理工作高度集中，增加了信息传递和处理的流程，容易造成信息传递渠道的不畅通，有的企业如果网络设备硬件支持不够，可能会导致信息传递和处理的延迟。

②在信息时代，由于各企业防火墙等设备不完善，信息网络不稳定等原因，容易出现信息泄露和病毒入侵问题，严重的可能会使系统瘫痪，给企业造成不可估量的损失。如果出现财务软件存在漏洞、共享中心传递信息过程疏于防范、流程中某一环节出现纰漏而没有相应的技术支持等问题，就会对企业健康发展产生影响。例如，银企系统接口的安全漏洞可能导致支付风险，而病毒和信息错误会导致会计信息失真。由此可见，如果财务共享存在安全问题，就会影响与之相关的财务数据的效率和质量，会给企业带来不可预测的损失。

③财务共享模式因高度信息化而提高效率、降低成本，但信息安全要求也会提高。系统被入侵或出问题时，后果会更严重。例如，因员工流动大，离职手续未及时办理，权限未撤销，则仍可操作，这会对企业正常运营产生影响。员工权限被他人滥用，可能导致职责不明，对后续工作或公司带来财务风险。

（二）信息传递问题

由于财务工作涉及集团公司众多业务，需要与各个部门沟通，财务共享中心相对集中，业务部门相对分散，财务共享中心人员仅仅通过网络信息平台对系统中的单据进行处理，不仅员工日常工作量较大，也不会了解前端工厂业务。前端业务人员往往由于财务知识储备不足，难以理解复杂的财务数据和指标，这使得在与财务部门进行交流时，难以准确理解和传达相关的业务信息，导致在内部沟通中经常出现交流不顺畅的情况。企业的规模不断增加、业务范围扩展时，一旦财务信息的传递和处理被延迟，决策的最佳时间可能被错过。财务共享模式可以为企业节省远程的沟通和决策成本，使企业能够在适当的时机进行合理决策。

财务共享中心与前端业务分离，导致财务人员与业务人员沟通不足，财务人员对业务理解有偏差。业务人员不熟悉财务政策，可能会提供不合规单据或申请。共享中心需保证财务核算及时性，并对财务信息真实性作出判断。若与其他部门沟通不畅，财务人员可能就无法判断财务信息真实性。

（三）员工满意度问题

由于财务共享中心集中了大量重复性较高的工作，员工的信息处理存在同质化，按照既定的工序进行操作。工作缺乏挑战性会使得员工个人缺少成长空间，难以实现个人价值，工作的简单重复使人员效率降低，工作质量也难以得到保障，甚至出现员工离职或提出转岗要求，这导致团队不稳定，离职率增加。此外，财务共享模式实施后，财务人员和业务人员完全分离，这违背了当前业务财务一体化的发展需要，这些都使得员工无法实现自身的职业理想，员工职业发展受限。由于分工高度细化，员工视野局限在自己负责的分区域内，无法获得全盘的财务会计知识，在缺乏有效的绩效激励体系时，给员工的积极性和可持续性发展带来了很大的挑战，进而影响了企业的管理与发展。良好的企业制度应该将员工价值和企业价值的合二为一，而财务共享模式显然并没有做到这一点，这是财务共享模式在以后的发展过程中需要弥补的缺陷之一。

第四节　财务共享模式对企业内部控制的影响

一、对企业内部控制的影响分析

在财务共享模式下，企业集团的核算流程、财务管理等活动都进行了重组，促进了企业内部控制体系的改革，财务共享模式对内部控制的影响既有积极的一面，也有消极的一面。其中，积极方面的影响包括以下几个方面。

①财务共享模式促进了内部控制制度的完善。与传统模式相比，财务共享模式需要更高水平的内部控制，这将促进公司内部控制制度的完善。实施财务共享后，公司需要将内部控制融入财务管理中，建立健全内部控制审计。基层单位负责原始凭证的初审，以便有效地将审批负责人与经营者分开，减少腐败和贿赂的发生，防止基层单位的财务人员为了自身需求而篡改财务信息。财务共享模式使企业的战略规划得到了统一，有效解决了信息传递低效率的问题，提升了项目决

策的事前控制能力，另外，在信息技术的帮助下，财务共享模式的实施使集团总部对各分支机构、子公司的经营管理情况的监控更加及时到位，实现有效控制和防范风险的目标。

②财务共享模式丰富了内部控制内容。大数据时代的来临，使得不同形式的数据得以生成，企业集团各分支机构信息易获取，数据资源丰富而全面，企业的内部控制审计更加注重对内部控制风险的评估，以确保内部控制制度设计的科学性和合理性。另外，大数据分析功能强化了企业对行业整体发展情况的观察及发展规律的探索，增强了企业对相关制度制定的预见性意识，使得众多企业的内部控制制度具有更多的可比性和参考性。因此，大数据的发展使得内部控制的内容不断向外衍生，审计内容更加多样化。

虽然财务共享中心给企业经营活动带来了成本的降低和效率的提升，但也带来了一些内部控制管理问题，这就需要管理者更加重视管理程序的规范化和财务信息的安全可靠性。因此，财务共享模式对内部控制的消极影响表现在以下几个方面。

①财务共享模式使得企业对信息系统的依赖性增加。财务共享模式通过多个信息系统的集成，大大减少了基本的、琐碎的工作，使财务部门的职能发生转变，财务人员转型为业务财务、战略财务和共享财务人员。但是，由于财务共享模式对信息系统的依赖性增加，企业会计控制进一步弱化，加上财务共享模式业务处理步骤繁多，使得高峰期的业务存在信息质量缺陷和内部控制合规风险。

②信息系统对制度和准则变化的更新速度过慢。信息技术和宏观经济环境的变化，尤其是会计准则和制度的变化，使得大型企业很难在第一时间变更财务条例和章程，财务信息系统无法做到及时更新，有关的信息和数据质量也难以保证，这些都给内部控制管理带来了挑战。因此，在财务共享模式下，企业需要进一步提升内部控制管理的效率，防止控制失效。

二、对内部控制的要求分析

（一）财务共享对内部控制质量提出了更高的要求

实施财务共享模式之前，财务信息分散在各分支机构，这些信息在从一个层次传递到另一个层次的过程中进行了多次审核，出错的概率相对较小。实施了财务共享模式以后，信息实现了高度集中化，这使得员工的小失误可能会给企业带来巨大的损失。因此，企业必须改变原有的内部控制制度，强化岗位责任制，减少人员操作失误，全面提升内部控制质量。

（二）财务共享更加重视内部信息沟通和传递的安全性

财务共享模式的实施增加了企业对信息技术的依赖性。信息技术的发展使得企业具有较高的信息处理效率，而且降低了人工成本，可见信息技术在内部控制中的地位很高。然而，由于当前信息技术发展得不完善，信息网络存在很大的安全隐患，财务共享中心汇聚了企业各分支机构大量的财务信息和核心资料，其中许多资料都是企业的核心机密，而病毒和黑客的攻击等事故将严重威胁企业的财务信息安全，恶意获取信息和篡改财务信息将给企业带来较大损失。这就要求企业必须及时升级硬件防火墙等设备，同时在内部控制方面，组织专门人员对各业务流程进行准确的审计和内部控制监督，明确各部门和岗位的职责，保证财务共享模式的规范化运作，降低信息泄漏风险。

（三）财务共享对内部控制人员提出了更高要求

随着数据技术的广泛应用，企业内部控制面临着更多挑战。过去，企业的各个部门和业务单元可以相对独立地执行和监督内部控制。然而，在大数据时代，企业人员可以通过不同系统更快地深入渗透到企业内部控制的角色中，打破了各部门之间的界限。这使得企业内部控制不再独立，各个部门和业务单元之间的内部控制环节相互关联、相互影响。大数据应用带来的一些潜在风险，如数据处理、授权、储存和管理等可能出现错误，对企业内审人员提出了更高的要求。企业内审人员需要通过不断提升自身的专业素养和工作技能来应对这些特殊风险。另外，财务共享模式使基层财务人员数量减少，导致分支机构部门之间沟通成本相对增加，可能导致业务支持能力不足和内部控制功能不能有效发挥。因此，如何调整企业集团与分支机构的关系，加强基层财务与集团财务的整合，也是企业管理需要解决的问题。

第五节　财务共享模式下企业内部控制体系构建

一、财务共享模式给企业内部控制体系带来的新挑战

财务共享模式是信息技术发展到一定阶段的产物，颠覆了传统的财务业务处

理和管理体系，为企业战略实现提供了强有力的支撑。在财务共享模式下，可以借助统一的共享平台制定企业的核算标准，缩短从业务层数据到财务层数据的距离，使企业更方便地从业务层面就开始进行控制，并做到事前、事中控制。此外，制度流程可以在企业经营的全过程中显现出来，便于稳定企业内部控制的风险。企业内部控制体系是一项系统工程，因此在财务共享模式下探讨构建新型的内部控制体系是必要的，财务共享模式可以为内部控制体系的优化和构建提供以下方面的便利。一是财务共享模式可以完善企业控制环境。财务共享模式下，企业应该调整组织架构，优化企业资源的配置，将经营业务与财务处理紧密结合，规范整个操作的流程，有利于对财务管理进行控制，改善企业整体环境。二是财务共享模式可以提高企业控制效率。财务共享模式下，企业需要明确各个部门的职责，使得各个部门充分协调，如财务共享模式可以及时将客户的要求进行反馈，生产部门根据反馈调整产品生产流程，保证产品质量，提高企业的控制效率。三是财务共享模式可以提升企业信息质量。财务共享模式下，企业制定完备的内部控制制度保证企业运行，使得财务数据能够有条不紊地被获取并能满足各部门的需求，从而保证财务数据的可靠性和完整性，提升信息质量。但是，从另一视角来看，财务共享的出现，对企业内部控制提出了新的要求，主要表现在以下几个方面。

（一）财务共享模式要求重视企业内部管理

在传统的分散式信息化条件下，企业分支机构的财务人员较为分散，且在业务处理时直接对接相关的业务人员，在出现问题时，财务人员能够及时给予一定的财务帮助和支持，能够更加快速有效地防范流动性风险和支付风险；而在财务共享模式下，企业的财务工作集中在财务共享中心，财务人员与业务人员相分离，对于防范财务风险极为不利，当企业的内部财务系统出现问题时，严重的情况下会影响企业的会计信息质量。

（二）财务共享模式要求提升财务核算质量

传统的分散式信息化条件下，企业的各分支机构主要负责各自的财务核算，而在财务共享模式下，所有的财务工作集中在财务共享中心，严格、规范的财务处理流程使得信息的传递和审批层级比传统模式更多、更繁杂，财务工作呈现高度集中化特征，这种集中带来了成本的降低和效率的提升。但是对集团总部来说，高度集中化的核算会导致整体财务风险增加，财务流程的层级越多，越会增加错误纠正的难度，审批越多，需要承担责任的人员越多。因此，财务共享模式下，企业必须通过强化财务核算质量，来提升对人员业务的监督，以降低财务核算整体风险。

（三）财务共享模式要求高效的信息传递和审批

在以往分散式信息化环境下，企业财务信息分散在各子公司和分公司，财务指标在这些机构的综合评判中发挥了重要的作用；而财务共享模式下，企业建立财务共享中心的主要目的是减少财务人员的大量重复性劳动，将各分支机构的财务人员解放，使其去从事更加高效的管理工作。因此，财务共享模式需要企业依托信息化技术建立更加高效的财务信息传递和审批机制，以实现财务共享目标。

二、财务共享模式下的企业内部控制体系存在的问题

为了探讨财务共享模式下内部控制体系存在的问题，本书选取比较典型的A集团企业财务共享中心的案例进行归纳分析。

A集团企业属于生产制造型企业，在全国乃至世界其他国家都设立了多家分公司，引入财务共享模式之后，在集团财务共享中心纳入与各业务范围相关的财务模块，包含往来账款、工资核算、税务汇缴、内部审计、流程优化等方面。此模式下，分公司一方面将订单信息录入财务系统，另一方面需要将原始凭证寄送到集团总部的财务共享中心，财务共享中心的工作人员分工处理各类电子和手工凭证，严格规范每一项流程的操作，尽可能地避免风险的出现。

在了解A集团企业采用财务共享模式进行内部控制体系构建的情况后，本书从内部控制的五要素方面提出了A集团企业在财务共享中心模式下存在的内部控制相关问题。

（一）控制环境存在的问题

1. 组织内部冲突

内部控制环境会出现业财分离的问题。A集团企业引入财务共享模式后，业务模块比较多，涉及往来账款、总账、税务、审计监督等，各业务模块的处理流程存在许多差异，没有达到标准化。同时各业务部门的地点比较分散，负责每一模块的相关财务人员只是简单地将收集来的子公司数据进行上传，通过财务共享平台处理单据，逐渐脱离前端工厂的业务，对相应的业务并不是完全了解，导致录入财务信息时存在误差，日常工作的错误率增加，这就对财务人员提出了更高的要求。

2. 跨部门交流不畅

A 集团企业财务组织结构调整后，由于财务人员与业务人员相隔较远，信息传递可能会延迟，导致财务人员对业务发展的了解不够准确和及时。由于无法进行面对面的沟通，可能会出现信息误解的情况。财务人员可能难以理解业务人员的具体需求和问题，而业务人员也可能无法清楚地传达其需求和问题，从而导致各部门之间的协作不够紧密，进而阻碍其共同解决问题和制定有效的业务策略。同时，企业财务职能的调整可能会对其他业务部门人员的工作习惯造成影响，企业财务职能调整导致业务部门的工作流程发生变化，业务人员需要适应新的财务流程和要求。这可能需要一段时间。

3. 人员操作问题

由于已经适应传统观念和流程，A 集团企业财务部门和业务部门的员工在面对变革时，其内心会产生抗拒的想法。此外，对新流程和新环境的陌生也使其感到恐惧和不安。财务共享模式细化了人员分工，使其工作重复度降低，每天的工作形成了一种固定的模式，每个人只负责自己职责范围内的工作，对于完整的财务流程很难触及，对其专业能力的提升无法产生积极作用。枯燥重复的工作，降低了员工的工作热情，使其职业发展受到限制，晋升的机会比较少，离职率升高，使得企业的员工培训成本上升，加大财务风险，同时影响信息的准确性。

（二）风险评估存在的问题

在财务共享模式下，内部控制风险和财务核算风险都有所增加，集团针对企业面临的风险进行了分类并制订了相应的解决、优化方案，但是仍然存在以下两个方面的问题。

1. 风险分类不规范

A 集团企业自从成立财务共享中心以来，致力于严格遵守每个流程的操作规范，试图降低风险，但是实际运行中并未对风险进行分类分析，不能为后续有针对性地识别、应对风险奠定基础。例如实物原始凭证的寄送需要付出时间和成本，导致运行管理方面的风险增加，而财务共享中心内部各类单据的频繁流转容易造成丢失导致流程优化方面的风险；财务共享中心的工作人员与业务部门的工作人员存在沟通障碍，业财分离，导致人员转型方面的风险产生。针对不同类型的风险需要采取具有针对性的措施，A 集团企业并未关注到风险的分类，而是简单、宽泛地预测风险，遇到风险逐一按惯例解决，这样容易使集团企业陷入被动的状态。

2. 风险识别不及时

A 集团企业的财务共享中心在预测风险的阶段，制订决策方案时需要多级审批，造成时间资源浪费。同时，由于缺乏即时的风险感知和响应机制，财务共享中心无法及时发现潜在风险，并且不能够立即采取相应的措施来应对风险。尽管各组织内部已经制定了一系列的风险评估指标，但组织之间存在隔阂，缺乏有效的跨组织沟通和协作机制，这导致各组织在风险评估和应对方面相对独立，无法共享信息和有效实践，从而限制了财务共享中心全面把握企业的风险情况。由于缺乏协作性，各组织无法形成整体的风险管理框架。相互之间的合作不足，可能导致重复努力、信息孤立、资源浪费和决策的碎片化。这阻碍了财务人员对企业风险进行全局性认知和综合性应对。所以，只靠单个部门的努力难以实施风险防范措施，风险防范措施就算已经开始实施，其推进也比较缓慢。因此，财务共享中心的风险评估工作需要引起企业管理者的高度重视。

三、财务共享模式下企业内部控制体系的优化对策

根据 A 集团企业财务共享模式下企业内部控制体系存在的五大方面的问题，本书结合财务共享模式下企业内部控制体系的特征，结合财务共享的新形势提出了以下几个优化对策。

（一）规范内部控制环境

1. 完善内部控制的规章制度

国家层面和企业层面都应该针对财务共享模式下内部控制体系的构建问题建立相应的内部控制规章制度，遵循企业内部控制规范体系的要求，加强对财务共享中心整体规划、运行和维护等方面的全流程监控，将企业内部控制规范与集团企业财务共享中心的实际内部控制操作紧密结合，融入财务共享模式中，强化内部控制体系控制环境要素的保障。国家可以通过加大处罚力度来加强对违法、违规行为的打击，如加大罚款金额、追究个人责任等，从而对企业形成有效的威慑，促使其更加重视内部控制的建设。在集团企业层面，应加强内部监督机制的建设。通过建立有效的内部监督机制，包括内部审计、风险管理、内部控制自评等，对内部控制的执行情况进行监控和评估。集团企业可以设立独立的内部控制部门或委员会，负责监督和检查各个子公司或部门的内部控制情况，及时发现问题并督促其改正。此外，还需积极响应国家发布的相关政策，构建与政策相适应的各类集团规章制度，尤其是内部牵制制度。这样的制度可以确保内部控制的有效实施，

减少企业违法、违规行为。

2. 合理规划业务环境

合理的业务环境是集团企业内各业务单位开展控制活动的前提条件之一。目前A集团企业的财务共享中心非常重视财务核算的部分，但与当前的会计发展形势存在分歧，其只注重核算数据，而忽视了对数据的挖掘和分析。财务机器人的出现说明在人工智能化的背景下，财务操作中应该避免重复的劳动，侧重财务分析，因此可以在财务共享中心中增设财务分析的模块，在正确财务核算的基础上侧重财务分析，为集团企业当局提供决策支持。

3. 加强跨部门的沟通交流

沟通交流不仅应该涉及财务共享中心与供应商、客户之间的交流，还应涉及集团企业内部财务共享中心与各业务单位之间的交流。为了提升财务共享中心的服务质量，集团企业应以客户需求为出发点，加强跨部门的沟通交流，具体采取以下几个措施。

①设立质量反馈管理团队。建议成立专门负责质量反馈管理的团队，定期检查业务流程的质量，并与相关部门进行沟通，提出质量优化方案。同时，积极收集客户的反馈和建议，及时对问题进行响应和解决。

②加强与客户的沟通。财务共享中心应及时回应客户的咨询和问题，并给予明确的反馈。在业务活动中，及时修正和改进以满足客户需求，确保提供高质量的服务。

③设置票据箱和提供报销手册。在下属单位设立票据箱，便于下属单位提交票据和相关文件。此外，提供详细的报销手册和报销流程，以加强财务共享中心与各业务单位之间的沟通交流。这有助于提高内部服务质量。

4. 加强对员工的培训和考核

在财务共享模式下，财务共享中心作为关键组织，可以有效地进行人力资源规划、培养和管理控制，从而全面提升集团企业的核心竞争力。通过细致的人力资源规划，财务共享中心可以拥有适量且具备必要专业技能的员工，以满足高效完成财务共享服务的要求。同时，通过培养计划和培训机制，财务共享中心可以给员工提供不断学习和发展的机会，以提升其技能和知识水平，适应快速变化的财务业务环境，提升员工的服务效能。在管理控制方面，财务共享中心应建立清晰的绩效评估体系，以便对员工的工作表现进行衡量和激励，确保员工的工作与财务共享中心的目标和价值观保持一致。财务共享服务要求传统的财务人员进行角色转变，因此在知识库中应侧重增加管理型财务知识。同时对员工进行定期的质量培训，加强员工的质量管理理念和战略管理素质。此外，为帮助员工更好地了解自己的知识水平，发现自身知识不足的地方，进而进行有针对性的学习和提升，可以设计相对完善的考核测评工具。这种工具可以帮助员工提高工作效率，同时通过考核测评使员工加强对财务共享中心内部控制的重视，提高不断深入学习的自觉性。

（二）优化内部控制风险评估程序

1. 细化内部控制风险的分类

财务共享模式下，集团企业应该细化内部控制风险，为后续针对不同类型的风险进行防范奠定基础。首先，集团企业应该区分产生的风险来自企业内部还是企业外部。根据A集团企业的情况来看，内部主要包含业务和管理两个层面，外部主要涉及法律和政策两个方面。其次，集团企业应该针对内部和外部的风险再次进行细化。业务风险涉及业务流程的规范、业务范围的界定、业务变更等。企业的管理风险主要包括ERP系统管理风险、人员管理风险、资产管理风险等。法律风险则主要包括企业之间往来纠纷、合同违约、违法经营带来的风险等。政策风险则主要包括税务政策变更风险、财务政策风险、税务稽查风险等。

2. 增强识别内部控制风险的敏锐性

A集团企业应该结合内部控制风险的详细分类，细化相应的风险评估指标，提升财务共享中心迅速识别会对内部控制体系产生不利影响的风险的能力，特别是财务人员的风险意识，让其明白信息泄露将会导致的后果，并建立惩罚机制。企业应当充分考虑不同发展时期的特征，结合企业自身的战略发展方向，利用财务共享技术收集与控制风险相关的信息，由专业人员进行风险分析和预警，并根据风险评估结果及时采取措施进行应对。另外，在财务共享模式的建设过程中，必须考虑内部控制的影响；在具体实施和日常维护中，注意观察影响内部控制风险的；并且通过对风险的识别、分析与测评，对风险进行高效及时的处理，使企业能及时规避内部控制风险。

（三）协调内部控制活动

1. 重视内部流程管理

A集团企业应该高度重视并专注于对内部业务流程的细分，这意味着要对各项业务流程进行细致入微的研究和分析，以了解其运作的各个方面。同时，在改造过程中要时刻关注并准确把握可能出现的风险点。这些风险点可能涉及各种方面，如财务风险、市场风险、操作风险等。对于这些风险点，企业需要积极采取有效的控制措施，并构建完善的内部控制体系。为提高信息录入的准确性，减少操作风险，可以在系统审核过程中设置自动审核与人工审核相结合的环节，提升业务环节的审核标准。在整体审核时要尽可能全面地覆盖审核点，在开展不同环节之间审核工作时要保证后续环节的审核覆盖前面环节的审核，找出风险点，保证流程控制的彻底性。此外，要重视预算控制管理，全面、动态化地监督和反馈预算控制管理情况，及时进行决算，并分析预算和决算的差异，实现预算控制的目标。

例如在资金控制方面，A 集团企业可以健全货币资金管理制度，保证收入和支出的合理划分。尤其针对货币资金支出的审核应该更加严格，认真审查购销合同协议及原始凭证的合理、合规、合法性，保证资金支出符合内部控制体系的要求。

2. 完善系统授权制度

完善的系统授权审批制度是构建内部控制体系的关键，可以通过为每项业务设置审批控制的权限来防止越权现象的出现。每一级别的员工权限都需要获得上一个级别领导的批复，每一项业务审核的流程需要两个以上的部门或相关人员进行复核，达到内部牵制的结果。在构建内部控制体系时，A 集团企业可以考虑引入业务部门负责人首签责任制。这种制度需要业务部门负责人对相关业务流程进行初步审批。在票据上第一次签字的负责人需要对这一业务所涉及的凭证资料、业务性质、数据等要素的合理性、合法性进行审核，并承担相应的责任。因此，这种审核授权流程加大了签字负责人的责任，有利于完善授权审批制度，从而有利于确保财务共享中心数据信息的真实可靠性，真实地反映业务活动，减少舞弊现象。

3. 构建相互牵制的岗位约束机制

内部审计要求岗位之间相互牵制、相互监督，因此在财务共享模式下构建内部控制体系，需要构建岗位约束机制，明确财务共享中心的岗位职责和权限。A 集团企业可以考虑在关键性的岗位上采取轮岗制和责任制，一方面可以减少舞弊，及时察觉内部控制体系中的缺陷；另一方面可以实行责任落实到人，强化员工的责任意识。在实际运行中，严格规范员工的操作流程，要求员工随时更换操作密码，或者在财务共享中心信息系统中设置动态口令认证方式，减少因为密码重复导致信息泄露的问题，坚持谁操作谁承担责任的原则，并落实到业绩考核中。

4. 重视会计档案的保存

财务共享模式下，要想构建良好的内部控制框架，会计档案的保存是至关重要的。前面章节指出A集团企业各业务单位与财务共享中心通过邮寄来传递原始会计凭证，这样容易损坏、丢失票据，不易于保管，降低办事的效率。因此A集团企业可以考虑推行会计凭证的无纸化保存。在财务共享中心的信息系统中设置无纸化凭证模块，在信息系统中可以通过凭证条码调出各类票据进行查看，也可以扫描票据供以后查看。对于扫描的票据，应该自动分组，并及时上传到财务共享中心的信息系统，在信息系统中，预先增设业务单位和各项目之间的钩稽关系，可以通过识别项目性质自动检测业务处理中存在的问题。在无纸化条件下，需要设置专人进行看管，注意无纸化存储设施防磁、防盗等现象，时刻进行异地备份，真正确保会计档案的安全保存。此外，A集团企业还可以设立凭证管理台账，从购买、使用到保存、注销都遵守内部流程管理，职责分离，每一环节认真清查，增强对过程的控制。

（四）完善监督体制

1．优化内部审计监督模式

A集团企业应该充分利用财务共享中心的技术，将事后审计改为事前与事中审计的模式和可借鉴跟踪审计的模式，以保证审计活动的及时与有效。此外，还可以采用连续审计的模式，借助计算机技术整合审计工作，将实时审计与非现场审计相结合，通过专业工具连续采集数据，全程监控，提高内部审计的质量。实施内部审计时，企业还可以充分利用财务共享中心的技术构建财务信息分析数据库，获取集团企业经济活动信息，采用风险评估、分析测试、事后抽检等内部审计程序找出经营中存在的薄弱点，有针对性地提出审计整改建议。另外，还可以增设扩展记录，在信息系统中录入信息时，可以增加相关的解释字段进行备注说明，以便在后期审计时获得更多的线索。

2．加大内部审计监督的范围

对采用了可扩展商业报告语言信息系统的企业而言，内部控制和风险管理需要通过技术手段进行审核和评价，通过数据监控和审查，扩大内部审计监督的范围，检验企业经营合规性、合法性，最终达到事前预防、事中监控和事后及时补救的目标。内部审计监督的范围需要进一步扩大，以保障日常监督和专项监督能够充分发挥作用。日常审计监督有惯例遵循，主要针对实施内部控制的情况展开例行审计监督检查。专项审计监督则主要在集团企业内部出现重大调整的状况时，进行有针对性的审计监督。日常审计监督与专项审计监督是互补的，日常审计监督执行得越好，专项审计监督越容易。集团企业通过日常审计监督和专项审计监督相互配合的方式，查找企业内部控制问题，按照内部审计流程进行及时合理调整，保证财务共享中心数据信息的可靠、真实、完整和及时。

（五）促进信息传递与沟通

1. 加强信息系统建设

A 集团企业可以按照人工智能、业财融合、“互联网 +”的理念优化财务共享中心信息系统的功能，加大对信息技术的资金支持力度，强化对信息化人才的培养和技术培训，保障企业集团内部的资产管理、人力资源、费用核算等平台能够实现互联互通，同时提高纳税申报、预算处理、项目管理等的专业度。

2. 优化信息沟通渠道

扩大集团企业的会计信息沟通范围，需要对业务流程进行重组，以确保财务共享中心的数据能够在各部门之间顺畅地共享和传递。A 集团企业需要根据上述控制措施对业务流程进行重组，保证财务共享中心的财务数据能够在各部门之间顺利共享和传递，优化信息沟通的渠道。同时，可以建立专门的信息平台，实现不同信息用户之间的信息共享和交流，提高会计信息提供者和用户之间通信的有效性。此外，还应当不断完善信息输出和信息使用制度，使信息能够在提供者和使用者之间实现有效循环。

参考文献

[1] 常青，王坤，檀江云．智能化财务管理与内部控制[M]. 长春：吉林人民出版社，2021.

[2] 美国管理会计师协会．财务报告内部控制与风险管理[M]. 张先治，袁科利，译．沈阳：东北财经大学出版社，2008.

[3] 陶燕贞，李芸屹．财务管理与会计内部控制研究[M]. 长春：吉林人民出版社，2020.

[4] 杨凌云．财务管理与内部控制分析研究[M]. 郑州：郑州大学出版社，2018.

[5] 刘静，田世晓．财务管理[M]. 上海：立信会计出版社，2020.

[6] 叶怡雄．企业财务管理创新实践[M]. 北京：九州出版社，2021.

[7] 李成文．民营中小企业财务管理创新研究[M]. 成都：西南交通大学出版社，2018.

[8] 刘彦美．企业偿债能力分析研究[J]. 财会学习，2021（14）：167−168.

[9] 杨寅，刘勤，黄虎．企业财务智能化转型研究：体系架构与路径过程[J]. 会计之友，2020（20）：145−150.

[10] 杨宇华．数字经济时代的企业财务管理转型研究[J]. 会计之友，2020（18）：60−66.

[11] 秦荣生．我国财务共享服务的发展趋势[J]. 财会月刊，2015（19）：3−5.

[12] 唐勇．财务共享服务下传统财务人员的转型[J]. 财会月刊，2015（19）：18−21.

[13] 徐义明，孙方社．企业财务风险识别研究[J]. 财会通讯，2015（17）：96−98.

[14] 韩冬梅．论企业财务风险控制与防范[J]. 财会通讯，2015（14）：104−106.

[15] 于新花．企业财务风险管理与控制策略[J]. 会计之友（中旬刊），2009（2）：23−24.

[16] 刘建南．我国中小企业财务管理存在的问题及对策[J]. 中国水运（下半月），

2012，12（3）：46–48.

[17] 陈寒冰 .“双碳”背景下 A 电力企业财务风险管理研究 [D]. 呼和浩特：内蒙古大学，2022.

[18] 刘成方 .X 企业财务风险管理改进研究 [D]. 蚌埠：安徽财经大学，2022.

[19] 李洺瑶 .J 建筑施工企业财务成本管理研究 [D]. 哈尔滨：黑龙江大学，2020.

[20] 马慧敏 .M 建筑施工企业财务风险管理研究 [D]. 成都：四川师范大学，2020.

[21] 贺星 . 互联网环境下企业财务管理模式创新研究 [D]. 西安：陕西科技大学，2017.

[22] 王俊红 . 企业财务管理信息系统的设计与实现 [D]. 长春：吉林大学，2015.

[23] 郑谦 . 电子商务背景下企业财务管理模式的构建 [D]. 北京：财政部财政科学研究所，2015.

[24] 刘蕊 . 中小企业财务管理信息系统的设计与实现 [D]. 厦门：厦门大学，2014.

[25] 张念珍 . 我国集团企业财务管理信息化的问题及对策研究 [D]. 太原：太原理工大学，2013.

[26] 赵清 . 国有企业财务管理中的监督体制研究 [D]. 北京：中国矿业大学，2013.